Integrated
Product
Development

IPD

从
项目经理
到
产品经理

基于IPD的产品研发管理

何重军
编著

U0314614

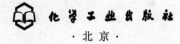

化学工业出版社

·北京·

内容简介　　《从项目经理到产品经理——基于IPD的产品研发管理》内容包括从项目经理到产品经理概述、新产品开发模式、基于IPD的产品规划、基于IPD的产品开发阶段管理、基于IPD的研发项目管理、产品上市管理。本书采用图文解读的方式，辅以章前提示、图表解读、相关链接等模块，让读者在轻松阅读中了解项目经理转型产品经理过程中的要领并学以致用。本书注重实操性，以精确、简洁的方式描述重要知识点，最大化地满足读者希望快速掌握产品管理相关知识的需求。

图书在版编目（CIP）数据

从项目经理到产品经理：基于IPD的产品研发管理/
何重军编著. —北京：化学工业出版社，2024.6
　　ISBN 978-7-122-45385-3

Ⅰ.①从…　Ⅱ.①何…　Ⅲ.①企业管理-产品开发-
研究　Ⅳ.① F273.2

中国国家版本馆 CIP 数据核字（2024）第 069587 号

···

责任编辑：刘　丹　陈　蕾　　　　装帧设计：王晓宇
责任校对：刘　一

···

出版发行：化学工业出版社
　　　　　（北京市东城区青年湖南街13号　邮政编码100011）
印　　装：三河市双峰印刷装订有限公司
787mm×1092mm　1/16　印张13¼　字数271千字
2024年8月北京第1版第1次印刷

···

购书咨询：010-64518888　　　　售后服务：010-64518899
网　　址：http://www.cip.com.cn
凡购买本书，如有缺损质量问题，本社销售中心负责调换。

···

定　　价：68.00元　　　　　　　　　　版权所有　违者必究

在公司的组织结构中会有这么两个职位：项目经理（Project Manager）和产品经理（Product Manager），都简称PM。产品经理和项目经理，身为同一项目不同流程的把控者，二者有相似之处，也有不同之处。很多项目经理现在想往产品经理的方向发展，那么，想成为产品经理还需要具备哪些能力呢？

简单来说，项目经理的主要职责是项目的整体把控，需要有很强的把控能力和协调能力，使项目能够按时按质完成。而产品经理需要有更多能力，对产品所运用的技术、开发流程、生产环节乃至产品的销售都要有过人的理解。

项目经理关注单一事情，完成一个明确的目标，这个目标可以由多个项目组成。产品经理关注特定需求的持续完善，需要由多个项目来完成这个产品，在需求和交付层面，项目经理是要向产品经理汇报的。

项目经理关注的重点在于产品在规定时间内是否能完成，包括完成期间内的人员、时间成本等。而产品经理更关注产品的整体把控，包括产品的需求、产品的规划、产品在完成期间需要做什么，怎么完善用户体验，并且关注产品的反馈、产品的市场前景、产品的日常运营等，这些都不是项目经理需要掌握的。

当然，项目经理和产品经理也有共同关注的地方，如产品完成的时间、需求、产品的用户反馈。假如你是一个不甘寂寞的项目经理，可以试试转型做产品经理。你可以从产品的需求做起，也可以多接触用户和市场人员。

项目经理和产品经理都要关注客户和用户的需求，都要关注项目的进度，都要跟踪项目的满意度。产品的研发过程也是一种项目的执行过程，项目的干系人管理、风险管理、成本管理等，同样是产品经理应该关注的事情。失败的产品一定会影响项目的质量、进度和满意度，糟糕的项目过程也肯定会对产品产生不良影响。

为了帮助项目经理在转型为产品经理的过程中掌握科学的管理方法，使产品研发管理更轻松，快速突破工作瓶颈，充分发挥产品研发管理工作在企业发展中的作用，我们编写了《从项目经理到产品经理——基于IPD的产品研发管理》一书。

本书内容涵盖从项目经理到产品经理概述、新产品开发模式、基于IPD的产品规划、基于IPD的产品开发阶段管理、基于IPD的研发项目管理和产品上市管理。

本书采用图文解读的方式，并辅以章前提示、提醒您、图表解读、相关链接等模块，让读者在轻松阅读中了解项目经理转型产品经理过程中的要领并学以致用。本书注重实操性，以精确、简洁的方式描述重要知识点，最大化地满足读者希望快速掌握产品管理的需求。

由于笔者水平有限，加之时间仓促，书中难免出现疏漏，敬请读者批评指正。

编著者

第一章
从项目经理到产品
经理概述
1~24

在公司的组织结构中会有这么两个职位：项目经理（Project Manager）和产品经理（Product Manager），都简称PM。从职业发展的角度来说，同是PM，产品经理的确"前景"更好一些。项目经理重点关注项目周期，产品经理重点关注产品生命周期。而一个产品的生命周期可能会经历无数个项目，所以两者的工作虽有重叠，但有本质区别。

第一节　项目管理与产品管理　　　　　　　　　　2

　　一、项目与项目管理　　　　　　　　　　　　2

　　二、产品与产品管理　　　　　　　　　　　　2

第二节　项目经理vs产品经理　　　　　　　　　　3

　　一、从概念上看　　　　　　　　　　　　　　3

　　二、从定位和职责看　　　　　　　　　　　　4

　　三、从工作内容看　　　　　　　　　　　　　5

　　四、从深度与广度看　　　　　　　　　　　　7

　　五、从发展方向看　　　　　　　　　　　　　7

第三节　项目经理转型产品经理的优势　　　　　　7

　　一、高度的执行力和快速的交付能力　　　　　7

　　二、强大的规划能力　　　　　　　　　　　　7

　　三、团队"赋能力"　　　　　　　　　　　　8

第四节　项目经理转型产品经理需要做什么　　8

一、加强能力提升　　8

二、转型过程中要有改变和突破　　10

第五节　产品经理的培养　　11

一、高标准产品经理　　11

二、产品经理的产生路径　　13

三、产品经理的职业发展路径及能力模型　　14

四、产品经理的职业晋升通道　　15

五、培养产品经理人的方法——资源池　　16

范本　某企业资源池运作管理制度　　18

第二章
新产品开发模式
25~48

在剧烈变动的3C时代〔Customer（客户）、Compete（竞争）和Change（变化）〕，产品的生命周期正在显著缩短，市场调研、产品开发和市场营销之间的相互作用显得愈发重要，企业的发展战略已从"制造产品"向"创造产品"转移，盈利模式及新产品的开发与企业的获利及成长息息相关，新产品研发与产品管理在企业的经营中起着越来越重要的作用。因而新产品开发的模式也随着环境和技术的不断发展而更臻完美。

第一节　PACE（产品及周期优化法）　　26

一、PACE的基本思想　　26

二、PACE的系统结构　　26

第二节　SGS（阶段关口流程）　　28

一、什么是阶段关口流程　　28

二、阶段关口流程的基本思想　　29

三、阶段关口流程的内容　　30

第三节　IPD（集成产品开发）流程　　31

一、IPD的框架和核心思想　　31

相关链接　华为三大基础流程　　　　　　　　34

二、IPD框架中各个要素　　　　　　　　　37

三、IPD的优点及给企业带来的益处　　　　45

第四节　PVM（产品价值管理）模式　　　　　45

一、PVM的基本思想　　　　　　　　　　46

二、PVM的开发管理总流程　　　　　　　46

三、PVM的核心内容　　　　　　　　　　47

第三章
基于 IPD 的产品规划
49~90

　　产品规划是产品经理众多职责中的一项，也是最主要的常规工作内容。产品规划是指产品经理通过调查研究，在了解市场、用户需求、竞争对手、外在机会与风险以及技术发展态势的基础上，根据企业自身的情况和发展方向，制定出符合企业和产品定位的规划。产品规划是一个战略和战术的策划过程，需要产品经理把握市场机会，提供满足用户需要的产品，完成产品的远景目标。

第一节　产品战略规划　　　　　　　　　　50

一、何谓产品战略　　　　　　　　　　　50

二、企业战略与产品战略的关系　　　　　51

三、产品战略规划步骤　　　　　　　　　52

【模板01】产品细分市场描述模板　　　59

第二节　需求收集与管理　　　　　　　　　59

一、产品需求的分层　　　　　　　　　　61

二、产品需求的挖掘　　　　　　　　　　61

三、产品需求的筛选　　　　　　　　　　65

四、产品需求的管理　　　　　　　　　　66

五、产品需求的分配　　　　　　　　　　67

【模板02】客户需求卡片　　　　　　　68

【模板03】产品包需求表　　　　　　　69

【模板04】设计需求表　　　　　　　　69

第三节　路标规划与管理　69

一、什么是产品路标　70

二、产品路标规划流程　70

三、产品路标规划输入和输出的信息　71

四、产品路标规划评审　72

范本　产品路标规划评审要素示例　73

五、产品路标规划管理　74

【模板05】产品开发项目任务书模板　74

【模板06】技术开发项目任务书模板　76

【模板07】业务计划书模板　77

第四章
基于IPD的产品开发
阶段管理

91~122

产品开发（IPD）流程被明确地划分为概念、计划、开发、验证、发布、生命周期六个阶段，并且在流程中有定义清晰的决策评审点。这些评审点上的评审已不是技术评审，而是业务评审，更关注产品的市场定位及盈利情况。决策评审点有一致的衡量标准，只有完成了规定的工作才能够由一个决策点进入下一个决策点。

第一节　基于IPD的产品开发阶段　92

一、概念阶段　92

二、计划阶段　96

三、开发阶段　99

四、验证阶段　100

五、发布阶段　102

六、生命周期阶段　103

七、IPD各阶段的输入/输出　103

第二节　产品开发的技术评审　104

一、技术评审点的设置　105

二、技术评审的要素　108

三、技术评审的过程   113

四、技术评审的注意事项   114

第三节　产品开发的决策评审   115

一、什么是决策评审点   115

二、决策评审点及要素   115

三、决策评审会议流程及规则   121

第五章
基于 IPD 的研发项目管理

123~172

产品研发项目是企业最常见的一种项目。集成产品开发流程要求设计的产品，从市场中来，最终通过项目活动来满足市场需求。也就是说，产品开发项目不仅仅是技术体系一个部门的工作，而是需要其他部门参与形成跨部门的团队才能完成产品开发目标，保证市场的需求。为了完成产品开发项目"端到端"目标，产品开发项目团队成员由跨功能部门组成，项目经理则是这个团队的领导。

第一节　研发项目启动   124

一、制定项目章程   124

【模板08】项目章程模板   127

二、识别干系人   128

三、编写项目任务书   134

四、召开项目启动会议   135

第二节　项目计划制订   139

一、什么是项目计划   139

二、应该制订多少个项目计划   140

三、制订计划须掌握的信息   141

四、制订项目计划的基本程序   141

五、项目计划的细化程序   142

六、项目计划制订的方法   143

【模板09】项目计划模板   143

第三节　项目执行和控制　　　　　　　　　　　147

　　一、建立项目控制日志　　　　　　　　　　147

　　　　【模板10】项目日志模板　　　　　　　147

　　二、项目信息发布　　　　　　　　　　　　150

　　三、项目报告机制　　　　　　　　　　　　151

　　四、召开项目会议　　　　　　　　　　　　153

　　　　【模板11】项目会议纪要　　　　　　　156

　　　　【模板12】项目阶段性评审报告　　　　157

　　五、项目进度的追踪与监控　　　　　　　　158

　　六、项目执行之变更管理　　　　　　　　　163

　　　　【模板13】项目变更管理表　　　　　　166

第四节　研发项目收尾　　　　　　　　　　　　168

　　一、项目收尾的工作内容　　　　　　　　　168

　　二、项目收尾的目标　　　　　　　　　　　169

　　三、项目收尾的工作步骤　　　　　　　　　169

　　　　【模板14】项目收尾报告　　　　　　　170

　　四、项目结束后的评估和审计　　　　　　　172

第六章
产品上市管理
173~196

6

　　产品上市是指通过制订产品发布策略与计划，按计划有序完成产品发布所需要的各项准备活动和交付件，并选择最佳途径和形式，向公司内部和外界正式公布产品包及GA（General Availability）日期，是产品成功上市的一系列活动和交付件的总称。

第一节　产品上市前市场测试　　　　　　　　　174

　　一、新产品市场测试的步骤　　　　　　　　174

　　二、消费品市场测试　　　　　　　　　　　174

　　三、工业品市场测试　　　　　　　　　　　177

　　四、互联网产品用户测试　　　　　　　　　178

第二节 产品上市全方位评估 179

一、自身的产品评估 179

二、对市场进行客观评估 180

三、对经销商进行评估 180

四、对营销团队进行评估 180

第三节 制订新产品上市计划 182

一、确认是否将产品商品化 182

二、制定新产品上市计划表 183

　　【模板15】新产品上市计划表 183

三、制订新产品营销计划 184

　　【模板16】新产品营销计划 184

四、设定渠道目标 186

五、编制分销合同 186

第四节 上市计划的执行与控制 187

一、召开上市发布会 187

　　相关链接　如何举办新品发布会 187

二、执行上市工作: 给予支持和支援 190

三、早期绩效追踪 193

第五节 上市后追踪与市场评估 194

一、上市后的早期追踪修正 194

二、上市后的市场反馈与评估 195

附录　IPD常见术语用语的缩略语中英文对照 197

参考文献 203

第一章
从项目经理到
产品经理概述

在公司的组织结构中会有这么两个职位：项目经理（Project Manager）和产品经理（Product Manager），都简称PM。从职业发展的角度来说，同是PM，产品经理的确"前景"更好一些。项目经理重点关注项目周期，产品经理重点关注产品生命周期。而一个产品的生命周期可能会经历无数个项目，所以两者的工作虽有重叠，但有本质区别。

项目管理与产品管理

一、项目与项目管理

（一）什么是项目

项目是为创造独特的产品、服务或成果而进行的临时性工作。

项目的基本特征：临时性，有确定的开始时间和结束时间；独特性，提供独特的产品、服务或成果；渐进性，渐进明细逐步完善的过程，意味着分步、连续的积累。

（二）什么是项目管理

项目管理就是将知识、技能、工具与技术应用于项目活动，以满足项目的需求。项目管理就是将五大过程、十大知识领域、47个子过程、60个IO（输入输出）、120个TT（工具技术），加以"裁剪"运用，有效地管理项目。

五大过程包括启动、规划、执行、监控、收尾。

十大知识领域包括整合管理、范围管理、进度管理、成本管理、质量管理、人力资源管理、沟通管理、风险管理、采购管理、干系人管理。

二、产品与产品管理

（一）什么是产品

产品是指能够提供给市场，被人们使用和消费，并能满足人们某种需求的东西，包括有形的物品、无形的服务、组织、观念或它们的组合。

产品一般可分为三个层次：核心产品（提供给购买者的直接利益和效用）；形式产品（物质实体外形，包括产品的品质、特征、造型、商标和包装等）；延伸产品（提供给顾客的附加利益，包括运送、安装、维修、保证等给予消费者的好处）。

产品包括五个要素：产品内涵（为用户提供基本效用或利益，满足用户本质需求）；产品形式（实现内涵所采取的方式，包括功能、内容、设计等）；产品外延（使用或购买产品的附加服务或利益）；产品理念（产品的信念和宗旨，用户使用或购买产品时期望得到的价值）；产品终端（用户在哪些终端可以使用或消费产品，常见终端包括Web、桌面客户端、手机、平板电脑）。

（二）什么是产品管理

产品管理是将企业的某一部分（可能是产品、产品线、服务、品牌、细分等）视为一个虚拟公司所做的企业管理，目标是要实现长期的顾客满意及竞争优势。

产品管理是公司为管理一个产品或者产品线的产品计划、产品市场和产品生命周期所采用的组织架构。产品管理是一个典型的强矩阵的管理方式。

产品管理是企业组织在产品生命周期中对产品规划、开发、生产、营销、销售和支持等环节进行管理的业务活动。

产品管理主要包括五个环节，即需求管理、产品战略管理、产品市场管理（产品营销管理）、产品研发管理、产品生命周期管理。

第二节

项目经理vs产品经理

"产品经理和项目经理都负责什么工作？"

"我想做产品经理，你觉得合适吗？"

"程序员做几年可以做到项目经理？"

"产品经理和项目经理哪个更有前途？

要回答这些问题，首先就要知道产品经理及项目经理的职能和区别。以下从几个方面来说明。

一、从概念上看

产品经理在企业中扮演着至关重要的角色，他们不仅负责产品的战略规划，还负责产品的全生命周期管理，即负责一个产品从进入市场到退出市场的整个过程的活动（市场需求和细化、产品命名、商务、发布、定价、销售、市场推广等），如图1-1所示。他必须与技术研发部门、市场、销售及用户等各个环节工作之间进行协调与管理。

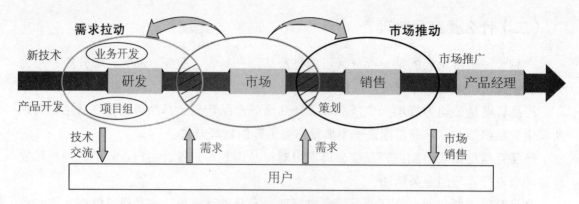

图1-1 产品经理负责产品全过程

项目经理是项目团队的领导者，首要职责是在预算范围内领导项目小组成员按时、优质地完成全部项目工作内容，使项目达到预期要求。为此，项目经理必须在一系列的项目计划、组织和控制活动中做好领导工作，从而实现项目目标。

可以看到，虽然产品经理和项目经理同为PM，但此PM非彼PM，二者作为项目管理中的不同角色，一个对产品负责，一个对项目负责。

1. 产品经理——为产品负责

产品经理是产品的牵头人，也是负责产品按时完成和发布的专职管理人员。产品经理是从产品的需求收集、产品构思和设计，到产品的开发和发布甚至营销推广阶段全程跟踪服务的一个角色。在产品的不同生命周期，产品经理的职责有所不同，基本分为产品研发经理、产品运营经理和产品市场经理。

但在一般公司，产品经理的划分并不如此明确，产品上市后的运营推广一般由运营和营销部门负责，产品经理可以给予策略建议，而不设单独的产品经理职位。所以，我们所说的产品经理一般是指产品的研发经理。本文所指产品经理均为研发经理。

2. 项目经理——为项目负责

项目经理可以理解为项目开发的负责人，为项目进度及最终的呈现成果负责（不同的项目由不同的项目经理担任，项目经理对项目总监负责，在一些小型公司，项目经理也可以是项目的总负责人，同时负责多个项目）。为保证项目按时保质保量完成，项目经理需要进行项目工作量评估，阶段计划制订，时间、人员及其他可用资源的规划和分配调整。

二、从定位和职责看

产品经理是负责某个产品全生命周期的人，项目经理是负责所有产品准时交付的人。

产品经理是通过敏锐和洞察力，能够快速抓住市场、行业、用户的需求，能够成功地将需求（业务方、用户的需求）转化为具体落地可行的产品，并且在整个过程中能够推动项目和沟通协调，能够自始至终为产品负责的角色。产品经理负责产品全生命周期，包括业务开发、确定新技术及行业标准、形成产品概念、解决方案、进行产品开发、产品试用、行销策划、市场推广、销售管理等的整个过程，如图1-2所示。

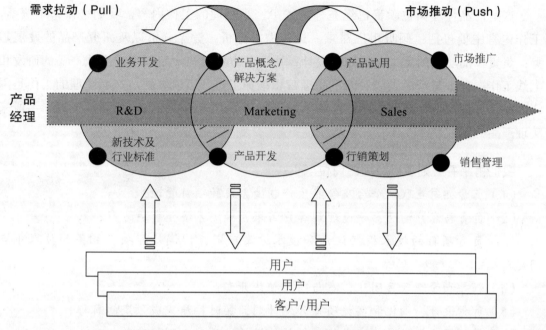

图1-2 产品经理工作——贯穿全流程

项目经理是跨多个产线和部门的人，一旦其负责的产品和其他同事的产品存在资源竞争和冲突，或者可能有延期风险，就是项目经理发挥其跨产线和部门沟通协调的能力的时候了。也就是说，项目经理只在产品开发到上线阶段负责项目管理，协调资源。

三、从工作内容看

二者所扮演角色的不同决定了工作内容的必然不同。产品经理的工作内容有哪些呢？我们参考某招聘网站的一则产品经理岗位职责进行说明。

产品经理岗位职责：

（1）参与制定或确定公司、产品或产品线的战略规划；

（2）收集并调查相关的市场需求、用户需求、产品需求；

（3）分析市场、行业、竞争对手发展状况及趋势，提供决策参考；

（4）进行产品规划，撰写相关产品需求文档或商业计划等；

（5）参与产品设计，包括交互设计、视觉设计、前端开发、文案设计等；

（6）协调项目实施，包括沟通、会议、项目管理；

（7）参与项目验收，反馈等；

（8）负责产品发布管理；

（9）参与或负责产品的运营、推广等工作。

这则产品经理岗位职责已经充分阐述了产品经理的工作内容，我们来做一下概括，工作内容主要包括：倾听用户需求，进行需求分析；竞品分析以及研究产品的发展趋势；负责产品功能的定义、规划和设计；协调各方资源在一定时期内完成产品的研发和上线工作；并参与产品上线后的产品运营和维护工作。可以看到，产品经理的工作是围绕产品（详细来说，是围绕产品需求）展开的，即通过各种知识、经验、工具、手段来实现产品的规划设计。

我们再来看一则项目经理的岗位职责：

（1）负责公司互联网平台及智能生产制造系统的项目管理；

（2）负责与客户沟通，快速理解客户需求，确定系统化解决方案；

（3）负责项目的技术框架设计和技术方案确定，协调处理项目相关的技术难点问题；

（4）领导和管理项目团队，参与项目整体开发；

（5）负责设计、细化和实施项目开发计划，按时按质完成预定的目标；

（6）带领项目组成员，完成相关软件的设计、开发、测试工作；

（7）根据开发日程，合理安排人员的进度，协调各种资源保证项目的顺利推进。

产品经理虽然被称作"经理"，其实并不是真正意义上的职能经理，而仅仅是岗位名称（产品岗位还有产品助理、产品专员等），一般的产品经理手下是不设团队的。项目经理跟产品经理的一个非常大的区别在于，项目经理作为项目团队的负责人，除了具备过硬的开发能力，还需要"管人"。

同样，我们把上面项目经理的岗位职责概括一下，项目经理的工作内容包括：项目开发计划、目标制定，项目任务分解及确定作业任务的主次和轻重缓急；进行项目组成员的分配，工时预估，并攻克相关的技术难点；"管人"的范畴则主要包括成员激励和绩效考核；另外，项目经理还需要同上级甚至客户进行沟通谈判和信息交流。项目经理作为团队领导者，需要在时间、质量、成本间协调平衡，争取用最小的投入实现项目的最大产出。

由二者的工作内容可以看出，产品经理从思想上定义产品，是决定做什么样的产品的人，并为最终的产品质量和用户体验负责；项目经理从技术上实现产品，并为产品的稳定和进度负责。

四、从深度与广度看

产品经理的管理是纵向，必须有深度；项目经理的管理是横向，必须有广度。

产品经理在一段时间内只负责一个产品（或者叫一个功能模块），要从头到尾深度跟进，团队每个人都要来参与协调，项目细节（甚至技术框架）要了如指掌，领导对问题要能对答如流，因为产品经理是对产品直接负责的人，这被称为纵向，也就是深度。

项目经理则在一段时间内负责管理多个产品线，必须跨领域横向跟进，也就是说每个项目的情况项目经理都要了解，但不必深入（精力有限），项目经理会和多个产品经理和开发经理打交道，这被称为横向，也就是广度。

五、从发展方向看

产品经理和项目经理发展方向也不太一样。

二者都属于综合性岗位，但产品经理对行业和业务的理解要求很高，所以一般的发展方向是产品总监、业务部负责人等；项目经理有极强的沟通协调能力，方向会很多，比如可以是总经理助理、项目总监，转做产品经理也是非常契合的。

第三节
项目经理转型产品经理的优势

项目经理转型产品经理，不管是在项目推动还是在团队管理上都具备很大的优势。

一、高度的执行力和快速的交付能力

优秀的项目经理往往具备高度的执行力。他们是项目全流程的把控者，对项目的完成度高度负责。这种责任感造就了他们高度的执行力和快速的交付能力。想要成为一名优秀的产品经理，不仅要考虑产品的创意和思路，还要考虑产品实际的上线情况。而这种高度的执行力和交付能力恰恰能使转型做产品经理的道路如鱼得水。

二、强大的规划能力

强大的规划能力是项目经理最大的优势之一，也是身为产品经理必不可少的特质之一。好的产品思路一定是清晰的，有着完善的产品思维和逻辑。产品的逻辑梳理不是一蹴而就的，需要在产品测试、上线的过程中不断调整，而项目经理出身的产品经理往往能够很容易应对这种改变。

三、团队"赋能力"

项目推进的周期长短不一，需要一支有责任心、凝聚力强的团队。而一款产品的上线需要与研发、设计、运营等部门进行沟通，强大的产品背后也一定有一支强大的团队。在团队赋能方面，项目经理所磨砺出的"赋能能力"对于转型做产品经理也具有很大帮助。

第四节
项目经理转型产品经理需要做什么

一、加强能力提升

由于产品经理和项目经理分属于不同的岗位类别，工作内容不同，因此所具备的能力要求也不同。我们还是先看一下来自上面两则招聘信息中的产品经理和项目经理的任职要求。

产品经理任职资格：

（1）3年及以上互联网产品设计经验，良好的互联网产品策划能力，较好的交互、视觉设计能力，较好的互联网技术理解力，同时具备一定的产品运营能力；

（2）优秀的产品设计能力、逻辑思维能力、文档撰写能力；

（3）善于倾听用户声音，对数据敏感，善于数据统计分析；

（4）逻辑清晰，能有效地确立产品策略、市场定位和产品核心价值；

（5）具备良好的沟通能力、团队协作能力和工作责任心；

（6）具备良好的学习能力、独立分析问题和解决问题的能力。

项目经理任职资格：

（1）3年以上软件开发经验，计算机、电子、通信、软件开发等相关专业；

（2）熟练掌握项目管理理论知识和方法，熟悉 IATF 16949 等质量管理体系、管理流程的运作过程；

（3）熟练使用项目管理软件，能独立进行项目相关文案或报告书写，能带领项目人员熟练运用项目管理方法，完成×××项目的各项任务和指标；

（4）能独立进行项目相关文案或报告书写，包括问题记录与分析；

（5）工作积极认真、责任心强，为人正直、诚信，学习能力强，工作主动性强；

（6）具备良好的沟通和表达能力、良好的组织协调能力和管理能力。

从招聘信息中二者的任职资格可以看到，除了经验、专业能力等硬性要求，还要求产品经理及项目经理具备多种能力。也就是说，这两个岗位均属于综合性人才岗位。我们同样对这二者所具备的能力归纳总结一下。

产品经理需要具备的能力如表1-1所示。

表1-1　产品经理需要具备的能力

序号	必备能力	说明
1	逻辑思维能力	产品设计是极具创造性的工作，这就要求产品经理必须具备较强的逻辑思维能力和丰富的想象力，来实现产品的定义及规划设计
2	预测能力	只有对产品及行业的发展趋势有一定的把握和预测能力，才能保证在互联网产品迅速更迭的今天创造出符合市场和用户需求的产品
3	分析判断能力	产品经理的一大任务就是对大量的市场数据和用户需求进行分析和挖掘，从庞大数据中归纳总结出有用信息，从表现需求中提炼出本质需求
4	沟通表达能力	这里包括"说"和"写"的能力。"说"一般是指沟通协调能力，包括跟客户方、研发团队、设计团队、公司领导的沟通协调；"写"，包括文档的撰写能力、原型图的设计展示能力等，能够把产品意图清晰地呈现给其他人员（上级领导、客户、开发人员等）

项目经理需要具备的能力如表1-2所示。

表1-2　项目经理需要具备的能力

序号	必备能力	说明
1	专业的知识和技能	项目经理首先一定是技术团队的中坚力量，其次还需要具备专业的项目管理知识来制订项目计划、控制项目成本、确保项目质量
2	执行力	以成果为导向的项目开发工作要求项目经理的执行能力必须要强，甚至要求项目经理领导下的团队成员同样具备较强的执行力
3	领导力	作为团队领导者，项目经理必须具备一定的领导能力，激励成员，鼓舞士气，充分发挥成员潜能，调动成员工作的积极性，齐心协力完成项目任务
4	沟通谈判技能	项目经理除了在团队内部进行沟通协作，还需要对上汇报项目进展，沟通客户，所以较强的项目沟通、谈判能力是项目经理必须具备的
5	应变能力	项目经理需要做到对项目实施过程中存在的问题及时处理、反馈及跟踪，尤其是突发状况来临时，需要具备较强的应变能力及解决突发状况的能力，快速解决问题

要从项目经理转型为产品经理，以上能力是必需的。二者同时还需要具备独立思考能力、快速学习能力和组织协调能力。除此外，工具运用能力也是一个不可忽视的能力。

产品经理和项目经理的工作内容不同，负责领域不同，具备的能力也不同，但真正要严格地区分开来还是比较难的。产品经理除了在项目经理的岗位职责上练就的能力，还要继续提升逻辑思维能力、预测能力、分析判断能力、沟通表达能力。

二、转型过程中要有改变和突破

常见的产品经理可以分为两种基本类型，技术型PM和非技术型PM。

从开发转型的技术型PM经常过于关注技术实现，容易主观增加自己认为实现简单的功能需求，或搁置自己认为难实现的需求；或者过于关心技术架构，过于沉迷细节改进，忽视业务的核心功能。

而非技术型PM则会在与技术同事沟通时花费更高的沟通成本，如果是业务转型的PM，可能还会强加个人对业务的理解而产生的非用户关注的主观意愿，忽略用户需求。

所以，项目经理转型为产品经理时，必须要有改变和突破。

（一）跳出技术思维，从产品角度看系统

技术转型的产品经理有其天然的优势，即熟悉技术领域主流的技术及实现方法，当然也熟悉研发的工作方式和流程。但是，这也一定程度上成了自身的弊端，因为刚开始还是会习惯性地使用技术思维去看待一个产品，会纠结局部的技术实现方式和流程。这样就会导致产品的定位容易偏离，抓不住产品的大局规划。

更好的方式应该是先抓住产品定位、核心业务流程这些宏观的，用来把握产品的方向；再结合系统应用架构、功能模块等这些系统性的地方，把控细节的实现。需要能够将二者更好地融合才可以将研发的经验优势发挥出来。

（二）系统学习产品基础知识

项目经理转型为产品经理后，要积极主动地、系统地学习一些产品基础知识。

1.互联网产品和技术

项目经理往往从事一些比较传统的行业，如装修公司、制造业管理等。从传统行业转行互联网，对于互联网产品和技术的认知是十分有限的。转行产品经理，意味着之前积累的大量传统行业工作经验都将被搁置，而关于互联网企业的背景、发展、前景及趋势等方面，都需要花费大量的时间和精力去学习。

2.用户需求知识

传统的项目工作大多对客户负责，关注整个项目的完成和交付进度。而互联网产品更新迭代速度快，用户规模广、数量大，需要不断探索用户需求。以用户为导向而非项目本身，是产品经理和项目经理几乎完全不同的工作思路之一。

3.识别风险的能力不足

项目经理和产品经理需要关注的风险不同。对于产品经理来说，要从每个节点上考虑产品风险，譬如运营风险、市场合规风险、数据安全风险等。需要调动资源去不断分析这些风险。这也决定了产品经理的知识技能呈"T"字形分布，即涉及的运营、市场、财务、研发、风控等能力都需要懂。这一点也是作为项目经理可能并不具备的知识之一。

第五节　产品经理的培养

一、高标准产品经理

（一）产品经理概貌和框架

产品经理概貌和框架如图1-3、表1-3所示。

图1-3　产品经理概貌和框架

表1-3 产品经理概貌和框架说明

框架	说明内容
1个定位	以产品包概念推动产品的全流程开发，对产品最终的市场成功和财务成功负责
2个跨越	（1）跨越条块分割、分段负责的部门障碍 （2）跨越无面向产品线的经营预算和KPI绩效考核体制
3种类型	（1）成熟业务的产品经理 （2）半成熟业务的产品经理 （3）全新业务的产品经理
4个阶段	（1）消防队型：关注产品分段问题、解决紧急重大问题 （2）团队领导型：关注产品全流程、组建跨部门产品团队 （3）精算师型：关注产品预算、成本，为产品财务成功负责 （4）产品督导型：建立流程机制，监控过程、结果可控
5项素质	（1）个人影响15% （2）业务能力35% （3）沟通技术冲突处理15% （4）技术能力15% （5）项目管理能力20%
6种职责	（1）市场细分 （2）需求分析 （3）产品规划 （4）产品研发 （5）产品上市 （6）生命周期管理
7项原则	（1）关注竞合，学会将竞争对手变成合作伙伴 （2）关注手中的资源和筹码 （3）先思考后行动，从以销为主到营销并重最终到先营后销 （4）关注团队运作，学会跨部门协调，以非原则问题妥协换取别人对原则问题的支持 （5）不要与规则和约束对抗，主动承担责任，但不抢功 （6）关注业务，不在乎组织架构 （7）学会对最终结果负责任，不要纠缠细枝末节

（二）高标准产品经理的要求

（1）对行业具有敏锐的洞察力，对本行业的现状、发展趋势、游戏规则有充分的了解。

（2）强烈的责任感和自信心，具有号召、协调、策划能力，其中策划能力包括工作和活动的策划能力。

（3）具有高尚的品德和正义感，产品经理应该是一个有人格魅力、指挥艺术的人。

（4）具有很高的3Q，善于沟通和处理冲突：

IQ——智商；

EQ——情商；

AQ——逆境中的承受能力。

（5）具有高效的工作方法，是职业化的产品经理。

（6）做事情有强烈的紧迫感和危机意识，善于运用外来压力。

二、产品经理的产生路径

产品经理的产生路径如图1-4所示。

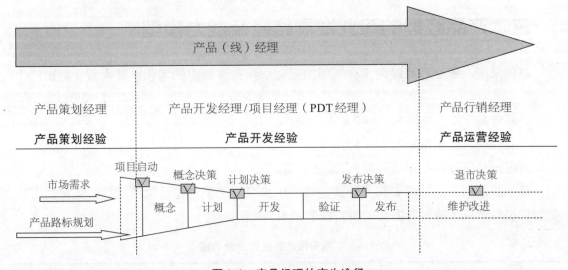

图1-4　产品经理的产生途径

产品经理需要具备多岗位的经验，特别是产品策划、产品开发和产品运营等核心岗位经验，这些是产品经理优先需要具备的跨部门经验。因此，有观点认为，从具有这些岗位经验的人员中提拔产品经理是一个理想的选择。这样的候选人通常已经对产品的整个生命周期有了深入的理解，并具备在不同环节中工作的能力。

1.产品策划经验

拥有产品策划经验的人员能够更好地理解用户需求和市场趋势，他们知道如何制定有竞争力的产品策略，以及如何规划和设计产品的功能。这种经验可以帮助产品经理在早期阶段就确保产品的方向正确。

2.产品开发经验

产品开发经验使产品经理更了解技术实现的细节和限制，从而能够更准确地评估产品开发的可行性和时间表。此外，这样的经验还使他们能够与工程团队合作得更加顺畅。

3.产品运营经验

具有产品运营经验的产品经理通常更擅长产品的推广，他们了解如何通过市场分析、用户反馈和数据分析来优化产品。这种经验对于确保产品在市场上的成功至关重要。

当然，这并不是说只有同时具备这三个岗位经验的人员才能胜任产品经理的角色。事实上，有些产品经理可能只在其中一个或两个领域有深厚的经验，但通过自我学习和跨部门合作，他们也可以胜任产品经理的职责。然而，从具有产品策划、产品开发和产品运营经验的人员中提拔产品经理，确实是一个值得考虑的策略，因为这可以确保产品经理具备更全面的能力和经验。

三、产品经理的职业发展路径及能力模型

总体来说，随着产品经理工作年限的变化以及自身能力的增强，其大致会经历三个阶段：

产品专员，工作年限为 1 ～ 2 年；

产品经理，工作年限为 3 ～ 5 年；

高级产品经理，工作年限为 5 年以上。

每个阶段的产品经理要想晋升到更高一个级别，除了工作经验的积累，更需要工作能力的提升，三个阶段所需要的能力模型如表 1-4 所示。

表 1-4　不同阶段产品经理的能力模型

项目	产品专员	产品经理	高级产品经理
产品调研	独立完成产品功能点的调研	完成整个产品功能的竞品调研；新产品初期完成行业调研	产品上下游、产业链的调研
用户分析	用户反馈回访；简单的用户调研	关键用户分析；深度用户现场调研	用户分析策略及维度
功能和流程梳理	针对已有功能的优化建议；简单功能点的流程设计	复杂产品模块的功能设计；需求池及迭代规划；复杂流程图的设计	产品生命周期及产品发展策略；产品需求优先级管理；复杂业务的流程梳理
原型和需求文档设计	简单模块的原型图设计；需求文档输出	复杂模块的原型设计	完整产品的原型设计指导；原型评审
项目管理	撰写合格的上线报告邮件；跟进功能模块的项目进度	撰写项目上线总结；推动项目按时、高质量上线	灰度测试策略；项目敏捷管理

项目	产品专员	产品经理	高级产品经理
数据分析	简单模块上线数据分析及日常数据分析	复杂功能模块的整体数据表现	整个产品核心数据分析
产品运营	寻找种子用户；软语言撰写	制定产品上线推广策略	合理安排运营预算
合作和沟通	项目组内部成员的良好沟通	向上管理能力	对外商务沟通，对内部争取资源；横向沟通能力

四、产品经理的职业晋升通道

产品经理的职业晋升通道有管理系列和技术系列，如图1-5所示。

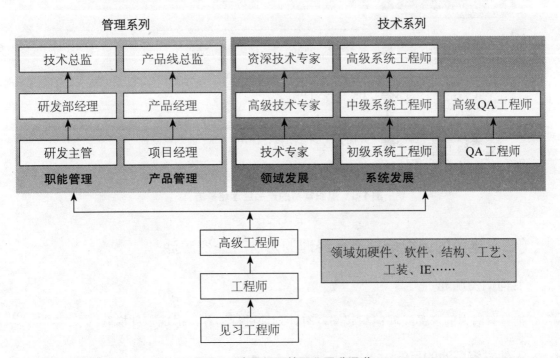

图1-5 产品经理的职业晋升通道

不论是选择管理路径还是技术路径，都需要对自身的能力范畴和兴趣点构建清晰的认知体系，针对目标职业路径的各项能力要素全面提升自己。

1.先专业后管理

先专注专业领域、夯实专业能力，因为选择管理路径的前提，是你已经有足够坚实的专业技能积累，能将个人专业能力复制给团队，并形成团队标准化的专业能力。

2. 管理不能丢专业

很多产品负责人，一旦走上管理岗位，便无心过问产品方案，只专注于人和事；实际上这个方式只会让人的路越走越窄，因为行业发展太快，而管理者更好的做法是与时俱进，既要关注产品战略，也要专注产品细节，通过个人影响力构建组织向心力。

五、培养产品经理人的方法——资源池

（一）组织常用的产品经理培养方法

组织常用的产品经理培养方法如图1-6所示。

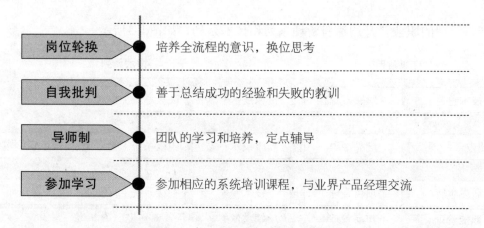

岗位轮换	培养全流程的意识，换位思考
自我批判	善于总结成功的经验和失败的教训
导师制	团队的学习和培养，定点辅导
参加学习	参加相应的系统培训课程，与业界产品经理交流

图1-6　组织常用的产品经理培养方法

（二）推荐的组织培养产品经理的方法——资源池

1. 何谓资源池

把具有潜力的产品经理组织起来，有计划地进行培养，形成一种梯队。

2. 建立资源池的目的

能够合理、高效地选拔和培养成功的产品经理。

3. 资源池建立的原则

（1）以产品经理的技能模型为基础，兼顾现实情况。

（2）制度建设和人员选拔同步互动进行。

（3）培训和培养相结合。

4.资源池的动作流程

资源池的动作流程如图1-7所示。

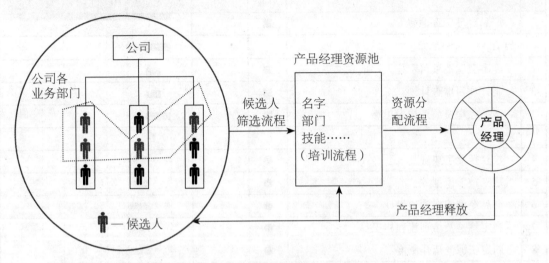

图1-7　资源池的动作流程

5.资源池运作机构及职责

（1）人力资源部（其他干部培养的部门）

① 审批产品经理的筛选标准和认证方案，解决资源池运作中需要协调的重大问题。

② 负责培训课程的开发。

③ 协调执行培养计划，负责计划监控，及时协调计划实施过程中出现的问题。

④ 负责产品经理的筛选、候选人的培养计划的制订与执行、候选人的评估、产品经理的分配和释放，并及时维护与更新引导者技能信息库。

（2）各产品线

① 按照产品经理的筛选标准，积极做好产品经理候选人的推荐工作。

② 配合实施产品经理培养计划，同时配合实施产品经理释放工作。

③ 为产品经理提供实际锻炼的机会并做好实战培养。

6.资源池工作推进的三个步骤

资源池工作推进的三个步骤为启动、发明和推行，具体如表1-5所示。

IPD的运作需要重量级的跨部门工作团队。为满足团队对大量合格的项目经理、系统工程师（SE）、项目操作员（POP）等角色在数量、质量、时间上的人力资源需求，需要采用资源池的运作模式进行候选人的培养。为规范资源池建设与管理，提高运作效率，企业应制定相关的制度。

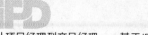

表1-5　资源池工作推进三个步骤

序号	工作内容	目前状态	OWNER	7	8	9	10	11	12	1	2	3
	产品经理资源池建设	■										
	启动											
1	确定资源池项目责任人，成立推进小组	■										
2	制订项目推进计划	■										
3	产品经理资源池建设思路	■										
	发明											
4	建立技能字典	●										
5	建立技能模型	●										
6	产品经理职业通道设计	●										
7	制定筛选及培训流程和工具	●										
8	制定资源池运作制度	●										
9	培训课程开发（第一阶段：基础课程）	●										
10	培训课程开发（第二阶段：专业课程）	●										
	推行											
11	确定资源池候选人名单	■										
12	进行产品经理技能培训	●										
13	分阶段输出产品经理的PDT	●										
14	产品经理带领PDT运作	●										

注：○已经完成；■正在进行；●还未启动；▬启动；▬发明；▬推行。

 **范本**

某企业资源池运作管理制度

1.目的

1.1　充分利用公司现行人力资源调配、培训、资格等现行平台，形成统一、规范的基于现行人力资源体系的资源池运作机制。

1.2　明确资源池的组织责任部门，形成分层级的运作体系，明晰组织职责，把资源池的建设纳入各功能部门例行工作，提高PDT候选人的准备度与可获得性。

1.3　建立统一的资源池信息管理平台，提高各资源池信息共享度。

2.适用范围

本制度适用于PDT核心组项目经理、SE、POP三类资源池建设及其候选人的需求规划、入池、出池、培养、PDT选拔、资源池信息维护等日常运作管理活动。

3.定义

3.1 资源池：是指根据公司长期或短期的资源需求变化状况适时调整资源准备策略和计划，供公司进行资源培养管理的一种虚拟工具。通过它获取以下信息：池中培养候选人的基本信息；候选人的培养质量准备度状况及其可获得性信息，并为挑选PDT成员提供决策支持；根据PDT各角色名称，共包括三个池，分别为项目经理资源池、SE资源池、POP资源池。

3.2 准备度：是指同对应的PDT角色要求比较，PDT候选人所达到的符合程度。

3.3 可获得性：是指合格的各PDT角色候选人能够参与PDT项目的最早时间。

3.4 入池：是指根据PDT核心组成员人力需求规划及技能、素质、任职等标准，从资源部门甄选具有培养潜力的人员进入相应资源池的过程。

3.5 出池：是指因离职、职位变动等原因不再作为PDT核心组候选人或因不适合PDT角色而退出资源池的过程。

3.6 项目经理：包含PDT经理（LPDT）和PDT核心组成员。

4.管理规定

4.1 运作方式与原则

4.1.1 运作方式

4.1.1.1 PDT候选人由各功能部门推荐、甄选后进入相应资源池，按照相应的PDT技能模型要求进行培养。根据项目需求，从资源池中挑选合格的人选作为PDT项目组成员，项目结束后，再对PDT成员进行合理安排的跟踪。

4.1.1.2 各功能部门资源池共同构成公司资源池。

4.1.1.3 各功能部门资源池中的候选人，仍在原部门工作属原部门员工，参与资源池安排的培养活动。

4.1.2 运作原则

4.1.2.1 PDT候选人的培养以满足IPD项目推行对人力资源的需求为导向。

4.1.2.2 以技能模型为基础，结合各功能部门特征，各资源池可采用灵活的方式进行通用技能与专用技能的培养。

4.1.2.3 所有PDT项目的核心组成员原则上应从资源池中选拔。

4.1.2.4 业务部门负责资源池建设，HR体系负责政策支持。

4.1.2.5 资源池评价原则：以准备度和可获得性为中心，评价各资源池的运作效果。

4.2 资源池的活动

4.2.1 资源池主要活动及其关系如下图所示。

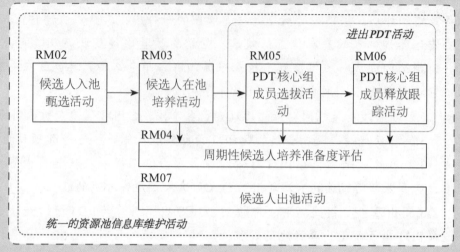

4.2.1.1 RM01——PDT核心组人员人力资源需求规划

根据产品路标规划刷新结果，通过对资源供需差距的分析，及时调整资源池工作计划，满足实施产品路标所需的PDT经理、PDT核心组成员、系统工程师和项目操作员等角色在数量、质量和时间等方面的需求，具体规划办法参见附件一：《PDT核心组候选人人力资源规划流程》。

4.2.1.2 RM02——入池甄选

根据PDT各角色技能模型标准和候选人人力资源需求规划，选拔具有培养潜力的人员进入资源池，监控下进行系统性的技能培养与跟踪管理，具体入池甄选办法参见附件二：《PDT核心组候选人入池管理规定与流程》。

4.2.1.3 RM03——在池培养

根据PDT各角色候选人技能现状与技能模型之间的差距，组织培训课程规划与开发，遵循逐步逼近的原则，制定本资源池的培养规划和个人培养计划，并通过培养效果评估衡量候选人的准备度。操作细则参见附件三：《PDT核心组候选人在池培养管理规定》。

4.2.1.4 RM04——准备度评估

依据PDT各角色技能模型，各资源池负责每季度对候选人进行准备度评估。操作细则参见附件三：《PDT核心组候选人在池培养管理规定》第十七条。

4.2.1.5 RM05——PDT核心组成员选拔推荐

根据PDT项目启动时间，参照候选人的准备度与可获得性，各资源池推荐PDT候选人人选，通过资格审查、功能部门主管按照公司统一的标准和方法进行面试、IPMT审批，确定最终人选并上报公司任命。操作细则参见附件四：《PDT核心组成员选拔管理规定与流程》。

4.2.1.6　RM06——PDT核心成员释放跟踪

当PDT成员在项目结束或中途不再担任PDT相关角色但非出池状态时，由IPMT执行秘书向相应资源池负责人反馈信息，资源池负责人应对其状态信息及时进行更新，并重新纳入资源池候选人培训名单。

4.2.1.7　RM07——出池

PDT候选人在培养过程中，因离职、职位变动等原因不再作为PDT候选人或因不适合PDT角色培养退出资源池。操作细则参见附件五：《PDT核心组候选人出池管理规定与流程》。

4.2.2　资源池信息维护

以准备度与可获得性为中心，按照实时性、可维护、可统计、可分析原则，在资源池各个活动环节及时维护候选人的动态培养信息及资源池公共信息，实行信息的分层密级管理。具体办法参见附件六：《资源池信息管理规定》。

4.3　资源池组织与职责

4.3.1　资源池组织

资源池的运作机构主要有Product IRB /Corporate IPMT、产品线IPMTs及其执行秘书、各功能部门干部部、公司资源池管理小组、各资源池管理者。资源池结构图如下。

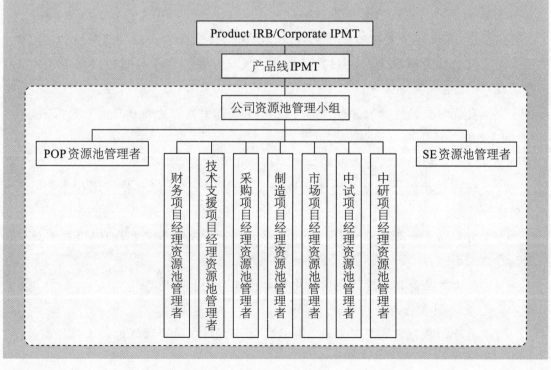

4.3.2 组织职责

4.3.2.1 Product IRB/Corporate IPMT

（1）接受公司资源池管理小组对资源池工作的汇报，解决小组提出的疑难问题；

（2）授权产品线IPMTs审批、任命PDT核心组成员选拔最终人选。

4.3.2.2 产品线IPMTs（及其执行秘书）

（1）接受公司资源池管理小组对资源池工作的汇报，解决小组提出的疑难问题；

（2）产品线IPMT制定IPD模式下的PDT项目路标年度规划，并通过其执行秘书向公司资源池管理小组传达PDT项目年度计划和PDT成员需求计划；

（3）任何PDT项目路标的变动信息，应及时通知公司资源池管理小组，以进行资源准备的调整；

（4）审批、任命由PDT核心组成员选拔最终人选。

4.3.2.3 产品线IPMT执行秘书职责

（1）产品线IPMT执行秘书负责同各产品线IPMT成员确定项目启动时间与PDT核心组组成方式；

（2）负责组织本产品线PDT项目核心组人员需求规划；

（3）产品线IPMT执行秘书指定专人负责向公司资源池管理小组接口人发布每周项目信息，项目信息至少包括启动时间、要求选拔时间、LPDT来源、相关联项目间××功能部门代表的共享等信息；

（4）IPMT执行秘书在选拔结束后根据公司资源池管理小组按照附件四《PDT核心组成员选拔管理规定与流程》提交的选拔交付件，负责拟制PDT任命文件及产品线IPMT主任签发任命；

（5）负责向公司资源池管理小组传递PDT成员中途变更信息及变更选拔通知。

4.3.2.4 各功能部门干部部主管

（1）负责本功能领域资源池的建设和培养工作；

（2）组建并授权、指导本功能领域资源池建设工作小组开展候选人培养实施工作；

（3）负责指导资源池负责人组建本功能部门所涉及的各产品线IPMT项目选拔面试资格人小组；

（4）解决本功能领域资源池运作中需要协调的重大问题。

4.3.2.5 公司资源池管理小组

（1）负责向各资源池及其负责人传达产品线IPMTs对资源池建设工作的精神；

（2）根据产品线IPMT提供的PDT项目路标规划及PDT成员需求计划，负责向各资源池分解和输出各角色PDT成员需求计划，并及时反馈PDT项目和人员需求变动信息；

（3）根据技能模型，负责资源池通用课程培训的规划，监控各资源池通用课程的培训实施；

（4）负责指导、监控各资源池建设工作，建立资源池规范运作的规章制度与信息管理平台，引导和审计各资源池运作的规范性，监控各PDT候选人的准备度和可获得性；

（5）负责对各PDT候选人的准备度与可获得性信息的采集、分析，为公司领导提供辅助决策材料；并在资源池信息管理平台中及时维护公司层面关于资源池方面的信息；

（6）从产品线IPMTs执行秘书接收PDT核心组的选拔通知，启动并监控各PDT候选人的选拔流程，并按选拔流程中规定的交付件向IPMT执行秘书提交选拔结果；

（7）负责向PIRB/CIPMT及各产品线IPMT及其执行秘书提出疑难问题；

（8）负责发布PDT核心组选拔标准和面试方法，并组织面试小组成员的培训。

4.3.2.6 各资源池管理者

（1）负责向本功能的部门主管/干部部主管、公司资源池管理小组汇报资源池工作状况，并接受功能部门主管/干部部主管、公司资源池管理小组的指导；

（2）在公司级资源池管理制度和流程的基础上，负责制定本资源池建设工作的操作细则，落实资源池各项活动的规范性运作，对PDT候选人的准备度负责维护；

（3）根据PDT项目路标规划及PDT成员需求计划，按照一定比例负责本功能部门资源池人力培养规划，分级、分批组织入池甄选工作；

（4）根据技能模型，负责本资源池专用课程培训的规划，制订、实施通用和专用课程在本资源池的培训计划，并根据需要协调组织安排候选人进行周边锻炼等其他的培养方式，按照《资源池在池培养管理制度》要求进行培训效果的评估；

（5）依据PDT各角色技能模型，负责每季度对候选人进行准备度评估；

（6）负责组建本功能部门所涉及的各产品线IPMT项目选拔面试小组；

（7）根据PDT项目规划的启动时间要求和选拔启动通知，组织本功能部门面试小组进行PDT候选人的选拔工作，并负责严格按照选拔流程与面试记录模板向公司资源池管理小组提供材料；

（8）根据技能模型标准，遵循初步逼近的原则，协助干部部进行资源池在实施入池、培养、出池、PDT人员释放等活动环节的准备度评估；

（9）监控各功能部门及其资源池对PDT项目成员的技能提升跟踪管理及项目结束后的人员释放跟踪工作；

（10）负责在资源池信息管理平台中及时维护本资源池运作信息及候选人培训、培养信息。

5.附则

5.1 解释、修订和废止：本制度的解释、修订和废止权归公司资源池管理小组。

5.2 生效：本制度自签发之日起开始生效。

5.3 实施：各资源池可在本制度的原则范围内进行细化，形成操作细则，并组织实施。

5.4 本制度包含以下附件：

附件一、PDT核心组候选人人力资源规划流程（略）。

附件二、PDT核心组候选人入池管理规定与流程（略）。

附件三、PDT核心组候选人在池培养管理规定（略）。

附件四、PDT核心组成员选拔管理规定与流程（略）。

附件五、PDT核心组候选人出池管理规定与流程（略）。

附件六、资源池信息管理规定（略）。

第二章
新产品开发模式

在剧烈变动的3C时代［Customer（客户）、Compete（竞争）和Change（变化）］，产品的生命周期正在显著缩短，市场调研、产品开发和市场营销之间的相互作用显得愈发重要，企业的发展战略已从"制造产品"向"创造产品"转移，盈利模式及新产品的开发与企业的获利及成长息息相关，新产品研发与产品管理在企业的经营中起着越来越重要的作用。因而新产品开发的模式也随着环境和技术的不断发展而更臻完美。

PACE（产品及周期优化法）

PACE（Product and Cycle-time Excellence，产品及周期优化法）是一个为产品开发制作的流程参考模式，是美国管理咨询公司PRTM于1986年提出的，并由PRTM应用于指导企业产品开发流程的改进，它提供了一个完整的通用框架、要素和标准的术语。PACE是当前企业流行的集成产品开发（IPD）方法的理论基础。

一、PACE的基本思想

（1）产品开发是由决策流程来推动的，是一个可以管理、可以改善的流程，并非只靠天才和运气。

（2）产品开发过程需加以定义和实施，以保证企业相关人员都能有共同的认识，知道如何协调和配合。

（3）产品开发是一个分四个层次和三级进度表的结构化流程，需纳入一个逻辑流程框架中，认为问题必须通过综合的方法来解决，孤立而零散的改进方式是不可取的。

（4）在四个流程演进的每个阶段都需要按部就班，将下一阶段的某一要素过早地引入现阶段毫无意义，就如同给一辆自行车加上涡轮增压器一样，无助于速度的提高，反而增加了重量。

（5）产品开发需在一个公共决策流程中予以管理，高层管理者的管理重心就是决策和均衡开发进程的关键点。

（6）产品开发项目小组与管理高层需建立新的组织模型（核心小组法），产品开发团队应有一位经授权的产品经理和若干跨职能的成员，管理高层转为产品审批/管理委员会。

（7）强调设计手段及自动化开发工具必须有起支持作用的基础设施才能发挥效力，产品开发流程的改进不能依赖被誉为"银弹"的设计手段和自动化开发工具。

二、PACE的系统结构

PACE的系统结构可作为七个互相关联的因素来看，分为两组：四个项目管理要素和三个跨项目管理要素。

（一）四个项目管理要素

四个项目管理要素为阶段评审、核心小组、结构化开发流程、自动化开发工具和技术（图2-1），形成了PACE的基础。这些要素对于每一个产品的开发项目都是必要的，掌握这些要素可以减少产品投放市场的时间，准确安排项目完成的时间进度，提高开发工作效率，减少产品投资。

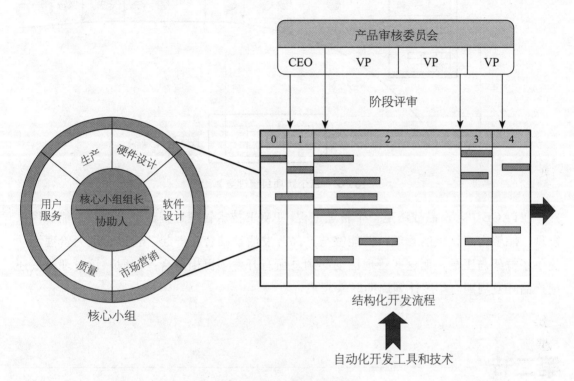

图2-1　四个项目管理要素

PACE阶段评审过程提供了各种具体的工具和方法，让使用者能够干脆、及时地经过充分沟通后作出决策和授权。PACE核心小组在项目组织方面的奥妙之处是它让项目小组在运作上像是一个刚起步的公司，但利用的是一个大公司的各种技能和基础设施。结构化的开发过程对每个目标过程文档的范围和内容予以优化，使得项目进度表能够反映开发过程。PACE保证在整个开发过程中，能够在合适的时候运用合适的开发工具和技术。

（二）三个跨项目管理要素

三个跨项目管理要素为产品战略、技术管理、管道管理，如图2-2所示，它们提供了必要的基本管理框架来管理产品开发，并将它与该企业总体结合起来。

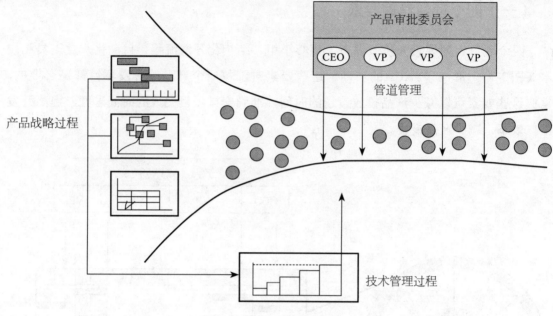

图2-2　三个跨项目管理要素

在PACE中，产品战略是一个管理过程。PACE技术管理过程保证核心技术能够得以发现，能够得到积极的管理，并能够与产品开发活动结合在一起。管道管理为管理活动提供了框架与工具，而这些管理活动必须与所有开发项目相结合；同时，该管理模式还把产品开发周期与年度计划周期联系起来。

第二节

SGS（阶段关口流程）

SGS，Stage-Gate System的缩写，即阶段关口流程，又称门径管理流程，是由库珀和艾杰特在20世纪80年代提出的，并应用于美国、欧洲、日本的企业指导新产品开发。阶段关口流程是指引一种新产品项目从创意产生到产品上市全过程。它容许组织运用管理决策关卡将新产品开发工作量划分为几种阶段。

一、什么是阶段关口流程

阶段关口流程的核心思想是正确地实施项目和实施正确的项目。阶段关口流程把研发流程划分为预先设定的阶段，每个阶段都由一组预先计划的、跨职能的并行活动组成，每个阶段都由一个关口控制产品的开发质量。

　　阶段关口流程把新产品开发项目分成了不同的、可以识别的阶段。在每个阶段，跨职能部门的人员同时会进行多种活动。图2-3为一个典型的阶段关口模型。

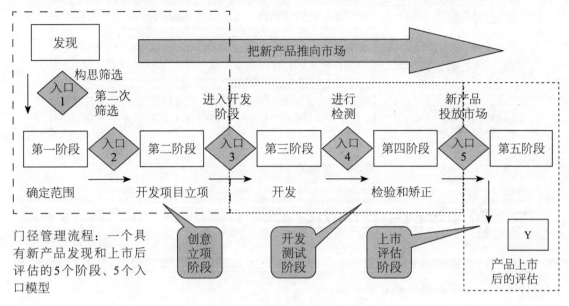

图2-3　典型的阶段关口模型

　　在阶段关口模型中，每个阶段的前面有一个关口。关口作为一种质量控制检查点和通过与否的决策点，决定产品开发活动能否向下一个阶段推进。实施阶段关口流程可以有效改善团队合作，让团队及早发现问题，减少返工和重复性工作，提高产品开发的成功率，缩短产品的发布时间。阶段关口新产品开发流程不仅从更全面的角度看待开发管理，而且流程简单易懂，便于学习、推广和实施，对中小企业或短周期的快速开发产品较为适用。

二、阶段关口流程的基本思想

　　阶段关口流程的基本思想如图2-4所示。

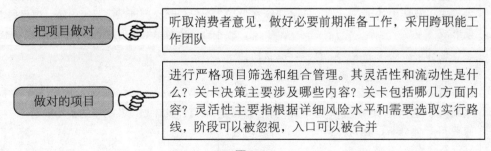

图2-4

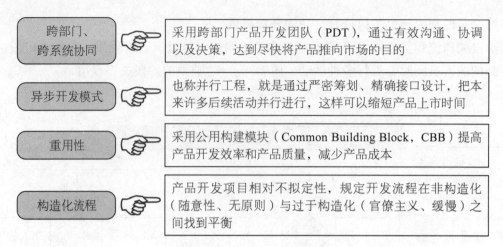

跨部门、跨系统协同	采用跨部门产品开发团队（PDT），通过有效沟通、协调以及决策，达到尽快将产品推向市场的目的
异步开发模式	也称并行工程，就是通过严密筹划、精确接口设计，把本来许多后续活动并行进行，这样可以缩短产品上市时间
重用性	采用公用构建模块（Common Building Block，CBB）提高产品开发效率和产品质量，减少产品成本
构造化流程	产品开发项目相对不拟定性，规定开发流程在非构造化（随意性、无原则）与过于构造化（官僚主义、缓慢）之间找到平衡

图2-4　阶段关口流程的基本思想

三、阶段关口流程的内容

阶段关口流程的核心内容是找到产品开发过程中的问题点，通过关口尽可能地屏蔽掉这些风险，从而降低不确定性。

该流程中包含阶段和关口两个概念。其中阶段主要包含活动、综合分析；关口包含可交付成果、标准和输出。简单来说，阶段就是做事情，而关口就是评判做事情的结果，从而做出正确的抉择。其中关口的数量并不是一成不变的，会随着上市的紧迫性、各种不确定性的大小等进行调整。

阶段关口流程包含发现、筛选、立项分析、开发、测试与修正、上市六个阶段，五个关口，具体每个阶段与关口所包含的内容如表2-1所示。

表2-1　每个阶段与关口所包含的内容

序号	阶段	关口
1	发现阶段（state 0）：主要用于寻找新的机会和产品创意	关口1（gate 1）：主要进行创意的筛选，判断战略是否一致、项目是否可行、产品是否有足够的优势等
2	筛选阶段（state 1）：初步评估市场机会、技术需求以及能力的可获得性，产品概念在此阶段形成	关口2（gate 2）：主要进行创意的二次筛选，依然会判断战略是否一致、项目是否可行，会简单地进行财务收益的可行性评估
3	立项分析阶段（state 2）：建立在筛选阶段上的一个关键阶段，包括更为深入的技术、市场以及商业可行性分析（更多关于财务的分析）。主项分析也叫商业评估/商业论证/商业分析/商业可行性分析，在这个阶段产生商业论证，进行概念测试	关口3（gate 3）：此关口将进行财务分析、项目开发计划以及初步的市场规划

序号	阶段	关口
4	开发阶段（state 3）：主要进行产品设计、原型制造、可制造性设计、制造准备和上市规划	关口4（gate 4）：主要确保研发任务保质保量地完成，确定开发的内容完全无误
5	测试与修正阶段（state 4）：测试产品及商业计划的所有方面，以修正所有假设和结论	关口5（gate 5）：判断是否满足预期的财务收益，上线前准备工作的检查，列举上市计划
6	上市阶段（state 5）：产品完整的商业化，包括规模制造以及商业化上市。上市后需要进行上市后的审查，包括对产品上市后的情况进行表现的评审、总结经验教训、回顾分析等，以便能在下次进行改进	

第三节　IPD（集成产品开发）流程

IPD的思想来源于美国PRTM公司的PACE理论，在这套理论中详细描述了业界最佳的产品开发模式所包含的各个方面。经过IBM公司的实践，IPD已经成为一套包含企业产品开发的思想、模式、工具的系统工程。

IPD强调以市场需求作为产品开发的驱动力，将产品开发作为一项投资来管理。

一、IPD的框架和核心思想

（一）IPD的框架

IPD框架是IPD的精髓，它集成了代表业界最佳实践的诸多要素，具体如图2-5所示。

（二）IPD的核心思想

IPD作为先进的产品开发理念，其核心思想概括如下。

1.产品开发是产品包的开发

传统的产品开发：指对产品本身的开发，它的输出是产品成果，产品经理对产品的开发成果负责。

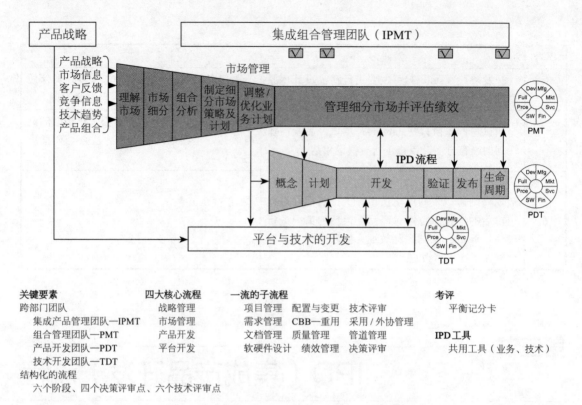

图2-5　IPD整体框架（IPD管理模式系统图）

IPD的产品开发：指除产品本身的开发外，还包括产品市场及销售策略、产品服务策略、产品培训策略等方面的产品包的开发，产品经理不仅仅对产品本身的开发负责，更重要的是要对该产品最终的市场成功和财务成功负责。

2.产品开发是全流程的开发

IPD流程分为六个阶段、四个决策评审点（DCP）、六个技术评审点，这些阶段和决策评审点由跨部门团队进行计划和管理。

六个阶段：概念、计划、开发、验证、发布、生命周期管理。

四个决策评审点：概念决策评审点（CDCP）、计划决策评审点（PDCP）、可获得性决策评审点（ADCP）、生命周期终止决策评审点（LDCP）。

六个技术评审点：产品需求和概念、需求分解和规格、总体方案、工程图纸、样机、小批量。

3.产品开发是一项投资

在IPD中设有一个专门负责新产品开发投资的跨部门团队：集成组合管理团队（IPMT）类似于一个投资银行家；而产品开发团队（PDT）则类似于被投资的公司。IPMT的投资活动包括：

（1）根据新产品的投资优先级管理，使投资组合合理化；

（2）对新产品开发是分阶段进行投资，在每个阶段设有决策评审点，只有通过了决策评审，IPMT才会进行下一阶段的投资，这样就可以提前发现新产品开发的问题，避免投资的浪费；

（3）在决策评审点IPMT更多的是考虑产品的投资回报率，评审的对象是新产品的业务计划，而不是产品开发计划，产品经理要对产品的市场成功和财务成功负责，而不仅仅对产品的研发成果负责。

4.基于市场的创新

IPD强调基于市场的创新，为达此目的，IPD把正确界定市场需求、定义产品概念作为流程的第一步，着眼于一开始就把事情做正确，并且在产品的整个生命周期都从客户的需求出发制订有关计划。

5.跨部门团队

IPMT：由来自市场、研发、销售、财务、服务、伙伴、人力资源、产品战略等方面的高层管理者组成，负责公司新产品开发投资决策和管理。IPMT关注某一特定的业务领域内的投资，确定该领域内的最佳投资组合。

PMT：关注确定业务投资的优先级。负责帮助IPMT和/或产品IRB/公司级IPMT对公司的整体产品组合进行管理。

TDT：关注对共用基础模块（CBB）的管理以及需要长时间开发的技术的开发，并制定策略，获得新兴技术。TDT负责管理跨产品线IPMT的技术开发与结合。

PDT：是产品开发项目开始时组建、产品上市或项目取消时解散的一个临时性团队，PDT的成员分别来自市场、研发、服务、营销、财务、人力资源等。PDT成员在PDT代表职能部门，在职能部门代表PDT。

6.产品开发与平台开发分离

产品平台是一系列具有成熟应用的、可被不同的产品共享的子系统和界面，产品开发与产品平台开发分离后，产品开发就只需要在产品平台的基础上根据细分市场的特点增加新的特性，这样就大大减少了新产品开发的工作量，缩短了新产品的研发周期。

7.异步开发

异步开发是缩短新产品上市周期（TTM）的重要手段，它通过严密的计划、准确的接口设计把原来的许多后继活动提前进行。

异步开发不仅是产品设计活动的并行展开，还包括其他相关部门的活动，如市场策略、销售策略、服务策略的开发和准备活动都与产品设计和研发并行开展，这样就缩短了很多企业等产品开发出来后再制定市场、销售、服务等方面策略所延长的时间。

8.结构化的开发流程

IPD开发流程分为四个等级：阶段、步骤、活动、任务。

IPD产品开发流程总共分为六个阶段，每个阶段又分为若干个步骤，如概念阶段分为六大步骤，每个步骤又有若干任务，一般每个步骤有10～20项任务，而每项任务又由若干个活动组成，活动是由要素、模板、经验数据组成的，由此构成了产品开发流程的不同层次。

 **相关链接** ⟨···

华为三大基础流程

华为从2002年开始在公司全面推行IPD体系中的产品开发流程，同时开始建设其他流程和管理体系。其中市场管理（MM）流程（通常也称为产品规划流程）和需求管理（RM）流程是最重要的两个流程，加上产品开发流程，被称为"IPD的三大流程"（见下图）。在IPD体系发展过程中，在这"三大流程"基础上，不断衍生出很多其他流程，最重要的是战略规划、技术规划和技术开发流程，加上需求管理、产品规划、产品开发，被称为IPD的"六大模块"。

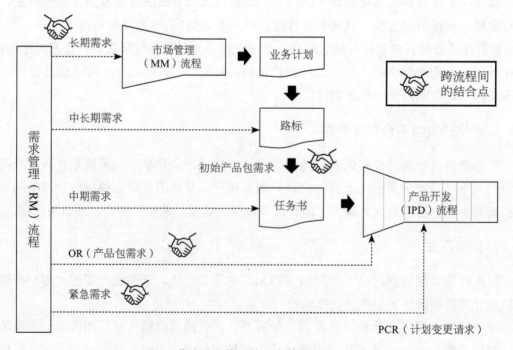

华为IPD体系的三大基础流程

一、市场管理流程

市场管理流程（MM）是确保华为"做正确的事"的核心方法论和流程，是IPD流程的上游流程。

MM流程的输入是：市场信息、客户反馈、竞争对手信息、技术趋势、现有产品组合等，通过理解市场、市场细分、组合分析、制定/融合业务战略和计划，形成组合策略和路标规划。在管理业务计划和评估绩效阶段，通过项目任务书启动IPD流程（见下图）。

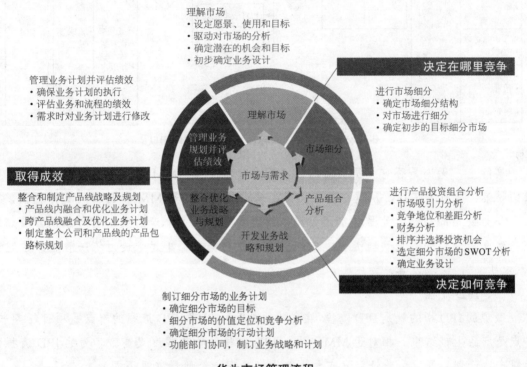

华为市场管理流程

MM为公司战略规划（SP）、业务计划（BP）、产品路标规划、技术和平台规划、项目任务书开发、职能部门规划等提供了一致的方法论。在华为流程体系发展过程中，战略规划、产品规划和技术规划曾被并列作为IPD体系的"六大模块"之三，可见其重要性。

二、需求管理流程

需求管理（RM）流程作为支撑流程为MM和IPD提供输入，让市场管理流程、产品路标规划和产品开发"瞄准靶心"。

需求管理流程分为收集、分析、分配、实现和验证五个阶段，如下图所示。其中需求收集、分析、分配主要在产品规划、项目任务书开发（很多企业也叫产品定义）、IPD流程的概念阶段进行，实现和验证阶段流程主要在IPD流程中实现。所以，需求管理流程和MM流程、IPD流程是并行的。

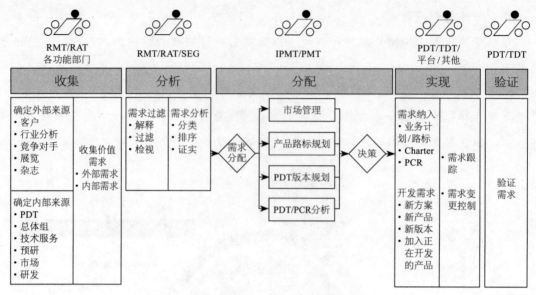

华为公司需求管理流程和相关的跨部门团队

实际上，无论是否有公司层面的独立需求管理流程，MM 和 IPD 流程都需要进行需求的收集、分析等工作，从这个意义上说，需求管理流程是 MM 和 IPD 的支撑流程。

华为公司的独特之处是在集团公司、三大业务群、各个产品线、子产品线分层分级统一建设端到端的需求管理流程，把来自各方面的需求汇集起来进行统一管理，让它们"无处可逃"，实现以客户为中心。

三、IPD 流程

微观的 IPD 指的就是 IPD 流程，在华为也叫"小 IPD"。IPD 流程的起点是项目任务书，终点是产品上市结束。相对于 MM 流程，IPD 流程结构化程度更高。华为的 IPD 流程分为概念、计划、开发、验证、发布和生命周期管理六个阶段（见下图）。

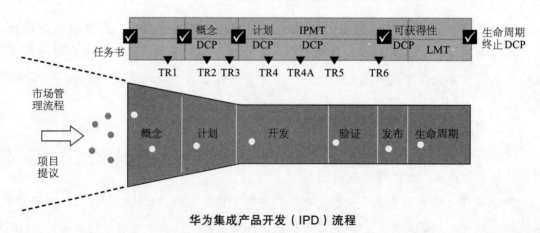

华为集成产品开发（IPD）流程

IPD 流程强调按投资决策标准对产品开发进行分阶段评审。华为的 IPD 流程共设置了五个决策评审点（DCP）。

（1）项目任务书（charter）DCP，简称 charter DCP。

（2）概念（concept）DCP，简称 CDCP。

（3）计划（plan）DCP，简称 PDCP。

（4）可获得性（available）DCP，简称 ADCP。

（5）生命周期终止（lifeend）DCP，简称 LDCP。

DCP 是基于投资的决策，DCP 的评审材料由 PDT 准备，IPMT 做决策。为了确保产品交付质量符合客户需求，华为设置了七个 TR，TR 是由 PDT 内部组织针对产品包成熟度的评审。

IPMT 和 PDT 两个团队是产品开发流程的"主角"，IPMT 负责对产品投资进行决策，PDT 负责具体的产品开发。

在华为 IPD 体系推行过程中，IPD 已被抽象提炼为一种创新方法论，不仅应用在产品开发过程，还拓展到技术研发、变革管理、项目管理等领域中。

二、IPD 框架中各个要素

IPD 集成了多个最好的产品开发实践方法，其要素如图 2-6 所示。

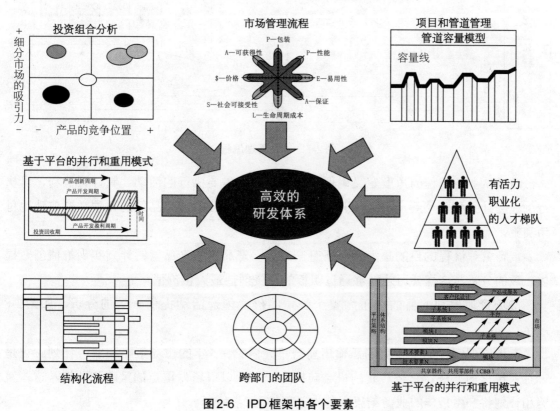

图 2-6　IPD 框架中各个要素

IPD框架中各个要素说明如下。

（一）市场管理流程

市场管理流程是在公司战略指导下进行的市场管理活动，包括对市场信息、竞争对手信息、产品信息的收集和分析，并根据分析结果提出产品和市场扩展策略，开发具有市场竞争力和赢利能力的初始产品概念，制定产品开发的路标规划，为产品开发提供输入，如图2-7所示。

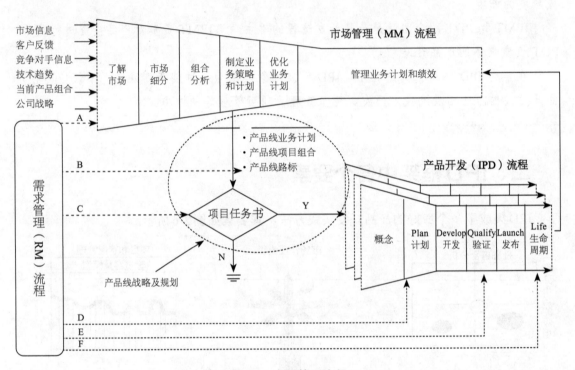

图2-7 市场管理流程

通过从业务流程的角度定义确保业务取得成功需要执行的活动，制订可盈利、可执行的业务计划和驱动新产品包的开发，该流程能够使公司或产品线的各项举措成功地付诸实施。

市场管理流程的目的是为企业所有产品线、产品族及产品营销计划实现价值创造提供一致的分析，这样公司才能够通过明智的投资创造最大化价值。

市场管理规划的目的在于为整个公司的价值创造活动提供一致的分析，如图2-8所示。

市场管理流程的主要目的是输出业务单元内3～5年的市场策略和业务计划。它是一种系统化的方法，它将广阔的机会转换为一系列以市场为重点的策略和计划，这些策略和计划将产生最佳的业务结果。基本流程如图2-9所示。

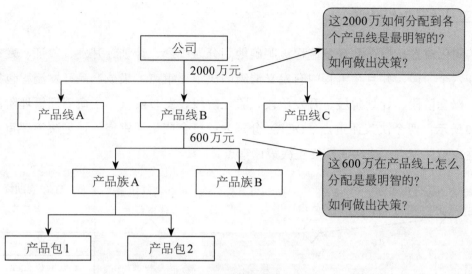

图2-8　市场管理规划的目的

STEP 1：理解市场
· 设定愿景、使命和目标
· 驱动对市场的分析
· 确定潜在的机会和目标

STEP 6：管理业务计划并评估绩效
· 确保业务计划的执行
· 评估业务和流程的绩效
· 需要时对业务计划进行修改

STEP 2：进行市场细分
· 确定市场细分结构
· 确定初步的目标细分市场

STEP 5：整合及制定产品线规划
· 在产品线内整合业务计划
· 跨产品线整合业务计划
· 制定产品线和整个公司的产品规划

STEP 3：进行组合分析
· 直接竞争分析
· 审视战略定位
· 审视财务分析
· 选择投资机会并排序
· 审视差距分析
· 确定业务设计

STEP 4：制订细分市场的业务计划
· 确定细分市场的目标和策略
· 确定对客户及我方的价值
· 推动多个功能部门提供输入信息，制定业务战略和计划

图2-9　市场管理流程的步骤

提醒您

　　市场管理流程的启动应得到高层的配合，高层认识到有必要了解市场，提高收入、利润和客户满意度；认识到需要通过一个统一的流程来管理业务。最终实现从战略到策略、战术的转化。

（二）结构化流程

结构化流程是指产品开发流程被明确地划分为概念、计划、开发、验证、发布、生命周期六个阶段，并且在流程中有定义清晰的决策评审点。集成产品开发流程包括六个阶段：概念阶段、计划阶段、开发阶段、验证阶段、发布阶段、生命周期管理阶段，如图2-10所示；四个决策评审点（DCP）分别为：概念决策评审点、计划决策评审点、可获得性决策评审点、生命周期终止决策评审点。

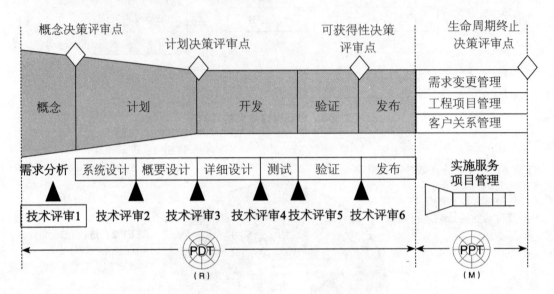

注：◇ 决策评审点　▲ 技术评审点

图2-10　产品开发流程阶段划分

（三）跨部门团队

跨部门团队指由开发、生产、采购、财务、客户服务等不同部门人员组成的贯穿整个产品开发过程的团队。在IPD中，跨部门团队有集成产品管理团队（IPMT）和产品开发团队（PDT）等几种类型。

依据IPD框架的基本思想，从企业级的管理角度，构建了一套完整的产品开发组织架构。产品开发体系以矩阵方式组织，划分为产品线和资源线。

产品线是由开发、测试、工程、客户服务等不同部门人员组成的贯穿整个产品开发过程的团队。实行产品经理负责制，由产品经理负责组织产品开发团队（PDT），进行产品的开发、测试、实施和技术支援的组织协调工作；产品开发组织、测试和实施等工作可根据项目大小的需要设置项目经理完成具体的开发、测试等工作。

资源线包括开发部、测试部、工程部和技术支援部。各资源部门经理可根据产品开发团队的人员需求情况进行人员调配，组织必要的技术培训和技术指导，以达到资源的合理配置和充分利用。

　　产品的总体设计和开发管理由产品总体组负责。整体的产品开发组织架构如图2-11所示。

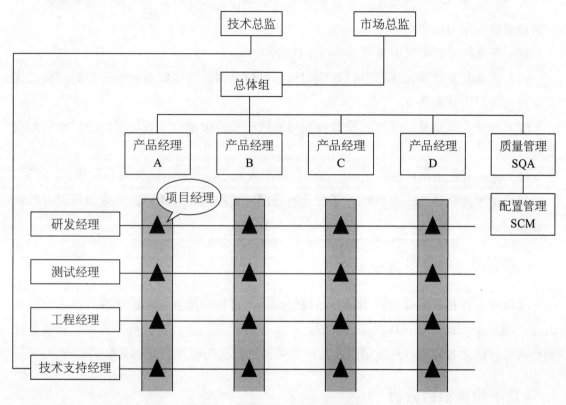

图2-11　整体的产品开发组织架构

　　其中，技术总监负责产品的开发和技术管理工作；市场总监负责根据市场需求，协同总体组根据技术实现情况确定产品的立项。

　　矩阵式的资源线和产品线的产品开发组织，使公司产品开发组织灵活，资源调配合理，缩短产品的开发周期，提高产品的开发效率。

（四）基于平台的并行和重用模式

　　基于平台的并行和重用模式是指在软件开发过程中，通过特定的平台或框架，实现代码的并行处理和功能重用，以提高开发效率和质量。这种模式强调在统一的平台或框架下，通过共享代码、组件和工具，实现不同项目或任务之间的协同工作和资源共享。

　　在并行方面，基于平台的开发模式支持多个开发团队或个体在同一平台上并行工作，互不干扰。通过合理的任务划分和协同机制，可以实现多个任务的同时进行，从而缩短项目周期。此外，平台还可以提供分布式计算、负载均衡等技术支持，进一步提高并行处理的效率和性能。

在重用方面，基于平台的开发模式，鼓励使用已有的代码、组件和解决方案，避免重复"造轮子"。平台通常会提供丰富的库、框架和工具，开发者可以快速构建和扩展应用程序。同时，通过封装和抽象底层细节，平台还可以降低开发门槛，使得更多的开发者能够参与到项目中来。

基于平台的并行和重用模式具有以下优势。

（1）提高开发效率：通过并行处理和重用已有资源，可以显著减少开发时间和工作量，提高项目的开发效率。

（2）提升代码质量：平台通常具有严格的代码规范和最佳实践，可以确保代码的质量和可维护性。

（3）降低开发成本：重用已有资源可以减少人力和物力投入，降低开发成本。

（4）便于团队协作：平台提供了统一的开发环境和工具，使得团队成员可以更好地协作和沟通。

（五）项目和管道管理

项目管理指在产品概念产生到产品投放市场的过程中建立规范的管理方式。它是使跨部门团队集合起来更好地行动的关键，包括项目计划和计划执行两个方面。管道管理指根据公司的业务策略对开发项目及其所需资源进行优先排序及动态平衡的过程。

（六）投资组合分析

投资组合分析是指根据确定的市场机会、企业能力的评估结果来确定企业的业务策略，进而确定产品开发的投资。这是一个综合考量市场需求、技术可行性、资源分配以及预期收益与风险的过程。

1.市场需求与定位分析

（1）市场细分：识别并定义目标市场，将其细分为不同的客户群体，并了解各群体的需求和偏好。

（2）产品定位：根据市场细分的结果，确定产品在市场中的定位，包括价格、功能、性能等关键要素。

2.技术评估与可行性研究

（1）技术趋势分析：评估当前和未来的技术发展趋势，确保所选技术路线与市场需求相匹配。

（3）技术可行性：评估现有技术能否实现产品功能，以及实现过程中可能遇到的技术难题和挑战。

3.资源分配与成本效益分析

（1）资源评估：分析企业现有资源，包括人力、物力、财力等，确定可用于产品研发的资源总量。

（2）成本效益分析：预测产品的研发成本、生产成本以及预期的市场收益，评估项目的盈利潜力和投资回报率。

4.风险评估与管理

（1）市场风险：分析市场变化、竞争对手动态等因素对产品销售的影响。

（2）技术风险：识别并评估技术实现过程中可能出现的风险，制定应对措施。

（3）财务风险：预测并控制项目的财务风险，确保项目的资金安全和合理使用。

5.投资组合策略制定

（1）多元化策略：通过投资多个不同领域或类型的产品，降低整体风险。

（2）优先级排序：根据产品的市场潜力、技术难度和预期收益等因素，对研发项目进行优先级排序。

（3）动态调整：根据市场变化、技术进步和企业战略调整等因素，动态调整投资组合。

通过以上步骤和因素的综合分析，企业可以制定出符合自身战略目标和资源能力的产品研发投资组合，实现风险与收益之间的平衡。

（七）基于衡量标准的评估和改进

基于衡量标准的评估和改进是一种系统化、数据驱动的方法，旨在通过明确和可衡量的标准来评估现状，并基于这些评估结果进行有针对性的改进。

首先，明确衡量标准是至关重要的。这些标准应该与组织的战略目标、业务流程和客户需求紧密相关。例如，如产品开发过程的衡量标准有硬指标（如财务指标、产品开发周期等）和软指标（如产品开发过程的成熟度）；IPMT的衡量标准有投资效率、新产品收入比率、被废弃的项目数等；PDT的衡量标准有产品上市时间、产品盈利时间、共用基础模块的重用情况等。

接下来，收集和分析数据是评估过程的关键环节。通过收集与衡量标准相关的数据，可以对现状进行客观、全面的了解。数据分析可以帮助识别存在的问题、瓶颈和改进机会。在这　阶段，可能会运用到各种统计方法和数据分析工具，以确保分析的准确性和有效性。

基于评估结果，可以制定针对性的改进策略。这些策略可能涉及优化业务流程、提升员工技能、引入新技术或改进产品功能等方面。重要的是要确保改进策略与衡量标准紧密相连，以便能够量化改进效果并验证其有效性。

实施改进策略后，需要再次收集和分析数据，以评估改进效果。通过对比改进前后的数据，可以判断改进措施是否有效，以及是否需要进一步调整或优化。这一过程是一个持续循环的过程，旨在不断提升组织的性能和质量。

（八）有活力、职业化的人才梯队

有活力、职业化的人才梯队对于产品研发的重要性不言而喻。它能够提升企业的创新能力、保障产品质量、增强团队凝聚力，进而提升企业的整体竞争力。具体的益处为：

1.创新能力提升

（1）新思维与创意涌现：活力充沛的员工更愿意尝试新事物，勇于挑战传统观念，为产品研发带来源源不断的创新思维和创意。

（2）快速响应市场变化：面对市场需求的快速变化，有活力的人才梯队能够迅速调整研发方向，及时推出符合市场需求的新产品。

2.专业素养保障

（1）确保产品质量：职业化的员工具备扎实的专业知识和技能，能够严格按照研发流程和标准进行操作，确保产品的质量和性能。

（2）提升研发效率：具备专业素养的员工能够更高效地解决研发过程中的技术问题，缩短产品上市时间，提高研发效率。

3.团队凝聚力增强

（1）共同目标与价值观：职业化的团队更容易形成共同的目标和价值观，使得团队成员在产品研发过程中能够相互支持、协作共进。

（2）减少内部摩擦：有活力的团队氛围有助于减少内部矛盾和摩擦，使得团队成员能够专注于产品研发，提高工作效率。

4.企业竞争力提升

（1）持续创新优势：拥有有活力、职业化的人才梯队的企业能够在产品研发上保持持续的创新优势，不断推出具有竞争力的新产品。

（2）吸引优秀人才：一个充满活力和职业氛围的研发团队能够吸引更多优秀人才的加入，进一步提升企业的研发实力和竞争力。

三、IPD的优点及给企业带来的益处

（一）IPD的优点

集成产品开发是从企业的流程重组和产品重组的角度，保证产品的立项开发、产品开发的人力资源有效调配。依据一个完整的框架和管理流程，IPD的主要优点在于：

（1）产品研发周期显著缩短；

（2）产品成本降低；

（3）研发费用占总收入的比率降低，人均产出率大幅提高；

（4）产品质量普遍提高；

（5）花费在中途废止项目上的费用明显减少。

（二）IPD给企业带来的益处

来自国际著名PRTM咨询公司的统计显示，通过成功实施IPD的要素，能给公司带来典型好处：

（1）产品投入市场时间缩短40%～60%；

（2）产品开发浪费减少50%～80%；

（3）产品开发生产力提高25%～30%；

（4）新产品收益（占全部收益的百分比）增加100%。

第四节

PVM（产品价值管理）模式

PVM（Products Value Management，产品价值管理）详细介绍了企业的盈利模式及其设计方法，以顾客、需求和市场为焦点，以竞争和利润为导向，从企业愿景、战略落实到产品规划，围绕产品管理和产品生命周期轴线，讨论了新产品从概念构思到商业化的整个过程，强调基于商业模式的价值链和价值流分析，合理的战略与严密的评价程序是产品创新（开发）的可靠保证。

PVM的思想是基于盈利模式、D.Lehmann和Crawford的*Product Management*以及SGS门径管理系统，于2002年创立的最新产品开发和产品管理模式，在欧洲、美国、日本被许多中小企业及全球知名品牌企业所采用。PVM适用于较难实现差异化、行业竞争激烈的中小型企业和创新型科技企业，在解决问题的同时形成有核心优势的研发管理体系和新产品开发流程。

一、PVM的基本思想

PVM的基本思想如图2-12所示。

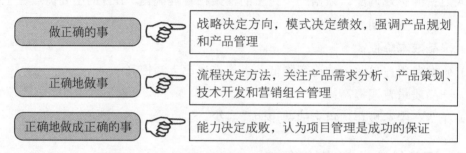

图2-12　PVM的基本思想

二、PVM的开发管理总流程

PVM的开发管理总流程如图2-13所示。

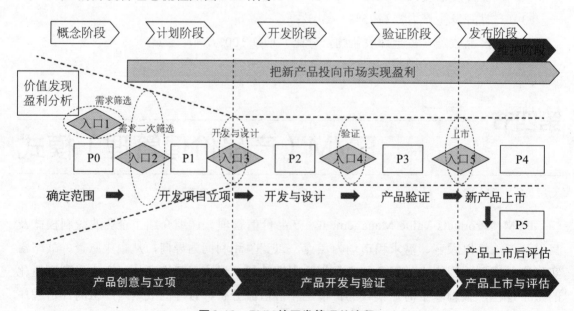

图2-13　PVM的开发管理总流程

三、PVM的核心内容

（1）PVM十分重视盈利模式和价值链分析，认为"成功基于优秀的组织，卓越源于非凡的盈利模式"，强调产品规划和产品管理，把研究重心从具体的产品开发层面提升到产品价值和战略层面。

（2）PVM也认为需要有效的产品开发流程入口管理和决策评审，如图2-14所示，把产品开发流程和市场管理流程有机地融合在一起，以减少没有价值的产品浪费有限的企业企业资源。

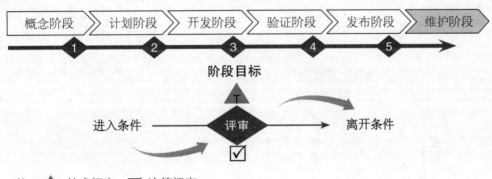

图2-14　注重决策评审

图示说明：

阶段目标：依据总体业务规划，针对各阶段的工作属性，对其进行分解，形成每个阶段有具体的、明确的目标，阶段工作按目标完成。

进入条件：作为启动本阶段工作的入口，确定本阶段的活动关键资源、活动计划、活动过程，项目交付物。

离开条件：提交活动所需的交付物并通过决策与技术评审，已完成本阶段里程碑工作，达成本阶段的业务目标。

（3）PVM突出产品需求分析、产品概念和营销组合的协调，以实现顾客价值，发挥企业资源的组合优势。

（4）PVM强调项目管理对于产品研发的核心作用，主张产品管理实行产品经理制。

（5）PVM关注技术开发平台建设、核心技术开发和成本价值工程，认为系统化的思维方式是改善研发绩效的正确途径而非KPI+BSC。

（6）PVM同时认为企业就是经营核心竞争力，倡导R&D策略联盟，企业间的竞争将转向产品管理的竞争。

第三章
基于 IPD 的
产品规划

产品规划是产品经理众多职责中的一项，也是最主要的常规工作内容。产品规划是指产品经理通过调查研究，在了解市场、用户需求、竞争对手、外在机会与风险以及技术发展态势的基础上，根据企业自身的情况和发展方向，制定出符合企业和产品定位的规划。产品规划是一个战略和战术的策划过程，需要产品经理把握市场机会，提供满足用户需要的产品，完成产品的远景目标。

第一节
产品战略规划

产品战略规划是确定"做正确的事"，是企业战略落实到产品战略上的具体体现，是确立企业某一个时间段应该"聚焦"哪些产品/区域/渠道、"重点突破"哪些产品/区域/渠道、"布局"哪些产品/区域/渠道，企业的产品如何组合，如何进行产品定位，不同发展阶段应该采取何种营销策略等，从而不断优化产品结构，持续提升企业竞争力。

一、何谓产品战略

产品战略包括公司的战略愿景、战略规划和总体经营目标、产品及市场扩张战略等。产品战略及规划好似一张路线图，指引产品开发的方向，如图3-1所示。

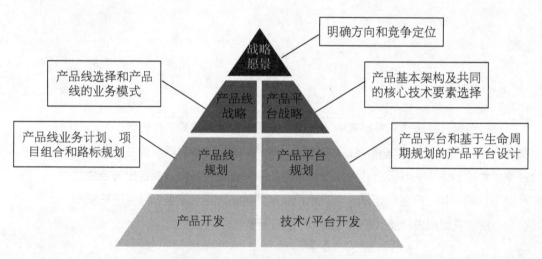

图3-1　产品战略"金字塔"

如图3-1所示，在金字塔的顶端是战略愿景。很多企业都有自己的愿景与使命，它描述了企业对未来的美好愿望及所肩负的责任与使命。但是，很多企业的愿景使命空洞、失真，很多只停留在墙上，只是一个口号，而不能贯穿到企业的各项行为上。其实，良好的使命与愿景必须回答产品战略的内容，因为市面上绝大多数企业是产品型企业，脱离了产品去许一个美好的战略愿景，必然是空洞不可行的。

基于战略的愿景使命，产品经理在落实企业经营发展战略、人才战略、品牌战略、销售战略、生产战略的同时，必须重视产品相关的两大战略，一是产品线战略，二是产品平台战略。产品线战略属于产品线的经验发展战略，它由产品线的路标规划来具体实现，最后根据产品路标规划进行产品开发。产品平台战略是为多产品线战略的有效执行服务的，因为有了平台战略可以实现成本及效率的双重提升，产品平台战略由产品平台规划来实现，根据平台规划进行产品平台及技术平台的开发。产品开发、产品平台、技术平台的开发都离不开技术开发。

二、企业战略与产品战略的关系

（一）企业战略为产品战略奠定基础

企业战略决定了产品战略，企业的经营抉择与产品战略的确定是紧密关联的。企业家的经验理念决定了企业未来的发展趋势及产品的战略定位。没有企业战略的定位就没有产品战略的定位。企业战略大致可以分为三种类型，如图 3-2 所示。

类型一 ▶ **领先型：一直被模仿，从未被超越**

"一直被模仿，从未被超越"是领先型产品战略的最好概括，Intel、可口可乐实施的都是领先产品战略。领先又分为局部领先和全面领先。"最具性价比""最具竞争力""最经济"的字眼被视为局部领先。"第一""最佳"的字眼被视为全面领先

类型二 ▶ **改良型：晚人一步，后发制人**

实施改良型产品战略的企业做什么产品都是采用晚人一步的策略，甚至是晚人多步。苹果公司在多种产品策略上就属于这种，它不属于领先型产品战略，它做什么产品都采用后发制人的策略。因而企业有更多时间去研究市面上现有竞争对手与客户希望值的差距，并适时推出新产品

类型三 ▶ **跟随型：一直在模仿，从未想超越**

跟随型产品战略的公司大都分为两种：一种属于跟随第一拿个世界第二，百事可乐尤为典型。还有一种就是纯粹的山寨，其中又有两种，一种是持有自己品牌的，一种是完全的假冒伪劣

图 3-2　企业战略的三种类型

（二）产品战略是企业战略的核心部分

产品战略是企业战略的组成部分，企业战略一般通过愿景使命来体现，这就需要产品经理在制定企业使命愿景的时候回答产品战略的内容。比如，我们要做什么业务，未来要做成什么样子的。

（三）产品战略有助于规划团队和流程的运行

有了战略愿景回答的产品战略内容，如果企业是领先型产品战略，产品经理就可以在日常工作中思考：我们这样做可以做到领先吗？对于三种战略类型，我们在市场研究、产品开发上也是不一样的，区别如表3-1所示。

表3-1　三种产品战略驱动下的工作区别

产品战略类型	市场研究方面	产品开发方面
领先型	目标市场客户	概念确定、需求管理工作居多
改良型	客户和竞争对手	需求差距模型分析
跟随型	竞争对手或标杆企业（抄袭对象）	不需要流程、复制即可，只需成本更低

三、产品战略规划步骤

产品战略规划步骤如图3-3所示。

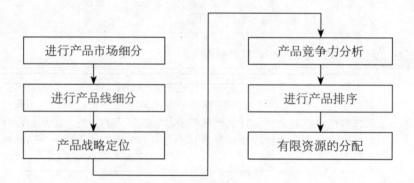

图3-3　产品战略规划步骤

（一）进行产品市场细分

产品市场细分就是依据不同类别的客户需求和相对同类的客户需求将市场划分为不同的群体。

产品市场分为消费品市场和生产资料市场。消费品市场的细分依据可以概括为地理因素、人口统计因素、心理因素和行为因素四个方面。生产资料市场除了消费品市场的细分依据，还有它自身的特点，企业还会采用其他一些依据来进行细分，最常用的有用户要求、用户经营规模、用户地理位置等因素。

产品市场细分的步骤如图3-4所示。

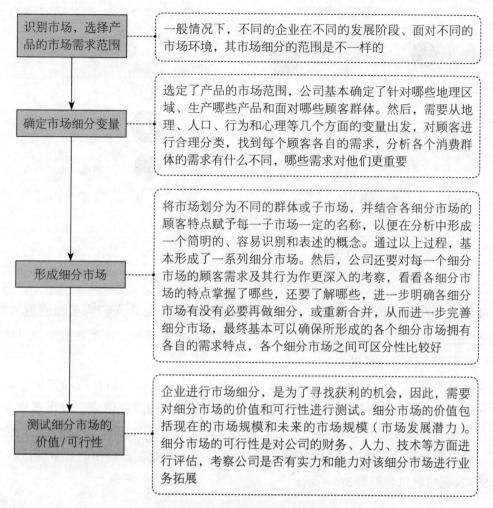

图 3-4 产品市场细分的步骤

（二）进行产品线细分

产品线是指一群相关的产品，这类产品基于相同的产品平台，功能相似，销售给同一消费群，经过相同的销售途径，或者在同一价格范围内。

产品线划分本质上是一种业务划分，可参考公司的业务分类方式，按照某种确定的维度对产品线进行划分，并明确每条产品线的业务领域。产品线一般按照产品类别和技术两种方式分类。

（三）产品战略定位

战略定位分析，即SPAN（Strategy Positioning Analysis），它是从细分项目的市场吸引力和竞争地位两个维度进行分析，将结果体现在SPAN图中（图3-5）。

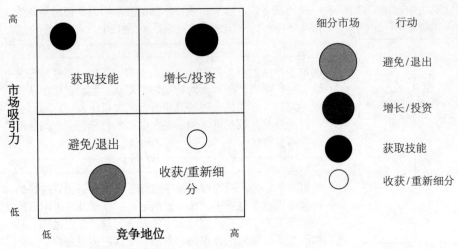

图3-5　战略定位分析（SPAN）矩阵

市场吸引力（Market Attractiveness）：是指产品/服务引导人们购买和使用的力量，可以刺激消费者进行商业活动，它是由市场规模、市场增长率、市场收益率、竞争强度等多种因素综合作用的结果。

市场竞争地位（Market Competition Position）：是指企业在目标市场中所占据的位置，它是SPAN的重要维度之一，也是企业规划竞争战略的重要依据。公司在细分市场上的竞争地位主要来自市场份额、产品优势、品牌优势等多种因素产生的差别，依据差别可以确定企业细分市场的竞争优势和劣势，从而确定企业在市场中的竞争地位。

SPAN图绘制过程如图3-6所示。

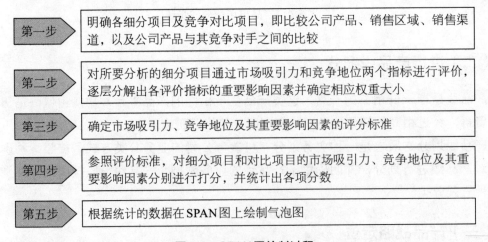

图3-6　SPAN图绘制过程

利用SPAN图可以清晰明了地掌握各细分项目的优势和劣势，方便公司采取相应的策略，如表3-2所示。

表3-2　细分项目的优势和劣势

细分项目位置	⊞(右上)	⊞(右下)	⊞(左下)	⊞(左上)	⊞(右下内)
项目	增长/投资	收获/重新划分细分市场	有选择	获得技能	避免/退出
市场份额	保持、增强优势	保持市场地位	有选择地保证，细分市场	有选择地投资，获得份额	放弃份额，赚取利润
成本控制	控制，寻求规模经济	强调消减成本，尤其是可变成本	严格控制	严格控制，但不要影响企业家的风格	极力减少可变成本和固定成本
投资管理	增加投入	限制固定投资	有选择地投资	增加投入	机会主义投资或不投资
技术开发	扩大投资	重点放在一些项目上	有选择地投资	投资	无
产品开发	扩展差异化的产品线	砍掉不够成功的项目，在主要细分市场形成差异化优势	强调产品质量，差异化	扩展差异化的产品线	大量消减
产品生产	扩大投资（有节奏地扩大产能）	产能利用最大化	提高生产力	投资	放开产能
价格	为获取份额采用具有攻击性的定价	稳定价格/适当提高	保持或提高	用具有攻击性的价额获得份额	提高
促销	大力营销	限制	有选择地保持	大力营销	最小化
分销	扩大分销渠道	保持目前渠道	细分市场	有限开发	减少渠道
人事管理	在主要功能领域优化管理	保持、奖励效率，严格控制组织	分配主要的经理	投资	消减组织
流动资本	减少过程中的赊账	严格控制信贷，减少应收账款，提高库存周转率	减少	投资	大量缩减

（四）产品竞争力分析

产品竞争力是指产品符合市场要求的程度。产品最终是面向客户、被客户享用的，它的竞争力直接和重要的评价者是消费者。因此，在评估产品竞争力要素的时候，需满足消费者的欲望和需求，从消费者的角度去制定产品竞争力影响要素，正确分析产品竞争力大小。

可以利用客户需求$APPEALS模型进行分析，从客户的角度来审视产品的竞争性。模型包括价格、保证、性能、包装、易用性、可获得性、生命周期成本、社会接受程度8个要素（表3-3）。

表3-3 客户需求$APPEALS模型的8个要素

序号	要素	说明
1	$ （价格）	该要素反映了客户为一个满意的产品/交付希望支付的价格。用这个标准来要求供应商时，要从实际和感觉这两方面来考虑客户能接受的购买价格。这将包括以下的数据评估：技术、低成本制造、物料、人力成本、制造费用、经验、自动化程度、简易性、可生产性等
2	A （保证）	该要素通常反映了在可靠性、安全和质量方面的保证。用这个标准来要求供应商时，要考虑客户在可预测的环境下关于减少他/她关注确定的性能方面如何评价整个产品。这可以包括保证、鉴定、冗余度和强度
3	P （性能）	该要素描述了对这个交付期望的功能和特性。用这个标准来要求供应商时，要从实际和感觉这两方面来考虑有关功能和特性的产品性能。产品工作得怎样？产品是否具备所有必需的和理想的特性？它是否提供更高的性能？从客户角度来衡量，如速度、功率、容量等
4	P （包装）	该要素描述了期望的设计质量、特性和外观等视觉特征。就软件而言，它描述了交付或提供的功能包。用这个标准来要求供应商时，要考虑客户对外形、设计等的意见，还有这些属性对交付的期望的贡献程度。关于包装的考虑应该包括样式、模块性、集成性、结构、颜色、图形、工艺设计等方面
5	E （易用性）	该要素描述了交付的易用属性。用这个标准来要求供应商时，要考虑客户对产品的舒适性、学习、文档、支持、人性化显示、感觉的输入/输出、接口、直观性等方面的意见
6	A （可获得性）	该要素描述了客户在容易和有效两方面的购买过程（如让客户有他自己的方式）。用这个标准来要求供应商时，要考虑在整个购买过程的可获得程度，包括预售的技术支持和示范、购买渠道/供应商选择、交付时间、客户定制能力等
7	L （生命周期成本）	该要素描述了所有者在使用的整个生命周期的成本。用这个要素来要求供应商时，要考虑安装成本、培训、服务、供应、能源效率、价值折旧、处理成本等
8	S （社会接受程度）	该要素描述了影响购买决定的其他因素。用这个要素来要求供应商时，要考虑口头言论、第三方评价、顾问的报告、形象、政府或行业的标准、法规、社会认可、法律关系、产品义务等对购买决定起了怎样的促进作用

产品竞争力分析的步骤为：

（1）确定$APPEALS的8项指标的权重；

（2）根据产品类别，对8项指标进行分解细化；

（3）确定分解出的小项权重；

（4）确定各小项评分标准；

（5）对目标产品和竞争产品从各小项进行评分并统计出8项指标得分及总得分；

（6）根据统计的得分绘制雷达图，如图3-7所示。

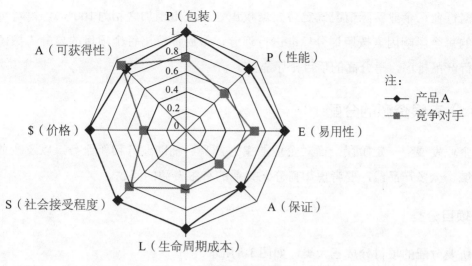

图 3-7 雷达图

（五）进行产品排序

产品排序是指将公司各产品从影响产品发展的不同维度按照评分标准进行评分，对最终得分结果按分数高低给予排序，使产品的性能以分数的形式表现出来。产品排序结果是产品性能的综合表现。

产品排序方法采用组合决策标准（Portfolio Decision Criteria，PDC），从产品的三个维度：市场吸引力、竞争地位和财务能力，共12个主要要素来评估，如表3-4所示。

表3-4 产品排序的三个维护12个要素

评价指标	评价要素	权重	产品名称			
			X1	X2	X3	……
市场吸引力	市场规模	a1	X11			
	竞争程度	a2	X12			
	市场增长率	a3	X13			
	市场收益率	a4	X14			
	战略价值	a5	X15			
竞争地位	市场份额	a6	X16			
	产品优势	a7	X17			
	品牌优势	a8	X18			
	渠道优势	a9	X19			
财务能力	开发费用	a10	X110			
	营业收入增长率	a11	X111			
	现金流贡献率	a12	X112			
最终得分		100%	Q1	Q2	Q3	
排序						

根据行业、企业实际情况确定各要素权重（各权重相加之和为100%），再对每个评价指标的每个影响因素按照评分标准进行评分，最后计算出每个项目的总分，按照分数高低进行产品排序，得分高的项目排序靠前。

（六）有限资源的分配

当企业发展到一定阶段，面对企业的主力产品、辅助业务和新业务，以及企业的各销售区域、众多产品线，要考虑如何分配企业的有限资源的问题。

1. 项目分类

将所要分配的项目分成三大类，如图3-8所示。

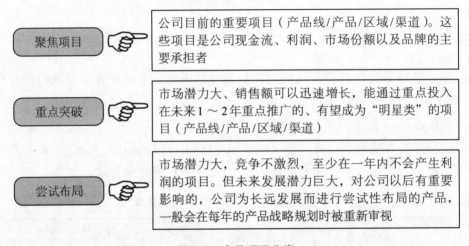

图3-8　产品项目分类

2. 资源配置比例

面对企业的这三项业务，"7、2、1原则"建议的资源配置比例为：70%的资源投入到聚焦项目；20%的资源投入到突破项目；10%的资源投入到布局项目。

"7、2、1原则"可适用于公司产品线的资源配置、公司产品的资源配置、地区/区域的资源配置、渠道的资源配置等

在企业发展的道路上，要将主要精力放在具有重要影响的事物上，将企业资源合理分配到"聚焦业务"——总数中的少数部分，那么企业将会得到较好的结果；再突破具有潜力的事物和布局新兴事物，企业就可紧跟时代的步伐保持持续发展；当然忽视"2（重点突破）"和"1（尝试布局）"也是危险的，它们是企业持续长远发展的火花塞，使企业业务形成梯队发展，构建良好的发展结构。

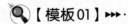【模板01】▶▶ ···

产品细分市场描述模板

_____产品线_____细分市场描述

1. 概述

    细分市场名称：

    瞄准的客户群：

    今年的收入目标：

    今年的市场份额：

    未来三年的收入目标：

2. 描述如何在该细分市场赚钱（公司与竞争对手相比有哪些差异化的优势）：

3. 描述列前五位的业务驱动要素（该细分市场中客户最关注的地方）：

4. 描述该细分市场客户面对的主要业务问题：

5. 描述目前该细分市场中我们及竞争对手现有的产品：

6. 描述目前主要竞争对手及其市场份额：

7. 描述该细分市场中的客户需求（$APPEALS）：

第二节

需求收集与管理

    需求收集与管理是产品规划中的一项重要工作（图3-9），其结果将作为路标规划的输入。

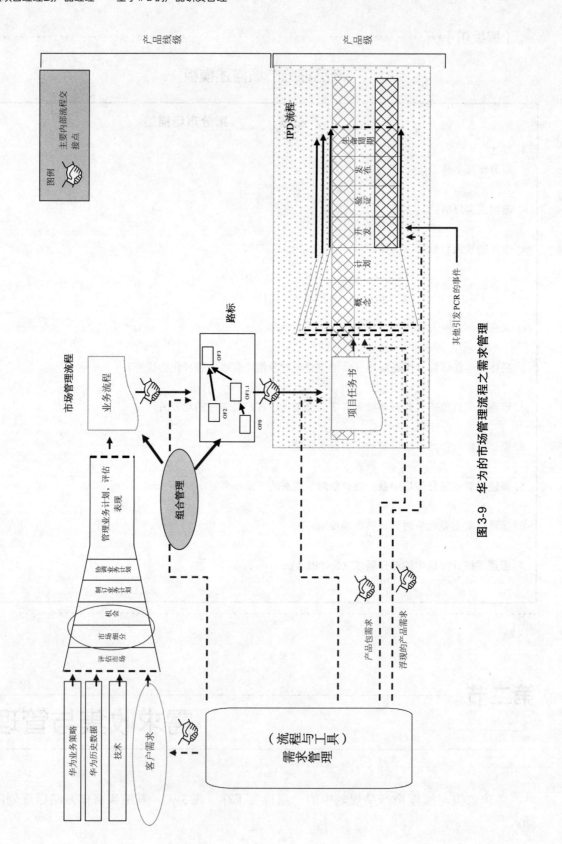

图 3-9　华为的市场管理流程之需求管理

市场需求是指通过市场反馈的，对我们开发新产品/新业务有参考意义的信息、建议或要求。它包括竞争对手信息、行业政策、动态、客户对新产品/新业务的需求等。市场需求管理是为了保证市场需求有序、及时地通过规范的渠道反馈到研发，保证研发及时响应并完成市场需求处理，达到以客户需求为导向开发产品，提高研发对市场的响应速度。

一、产品需求的分层

产品需求的分层如图3-10、表3-5所示。

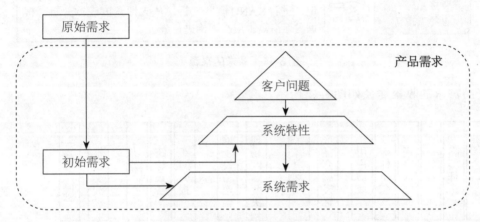

图3-10 产品需求分层的定义

表3-5 产品需求的分层

名称	定义
原始需求	来自公司内、外部客户的，关于产品与解决方案的所有需求，包括销售项目需求和非销售项目需求
初始需求	原始需求经过RAT分析后，站在客户视角，以准确的语言（完整的背景、标准的格式）重新描述的需求
客户问题	客户面对的挑战与机会（客户战略痛点），也就是该需求给客户带来的核心价值
系统特性	指产品为支撑客户问题所具备的重大能力，是产品的卖点集合
系统需求	是系统对外呈现的，可测试的全部功能需求和非功能需求

二、产品需求的挖掘

（一）需求的来源与途径

获取需求的来源主要有三类：直接从用户处获取、查阅资料获取、通过自己的思考去挖掘，如图3-11所示。

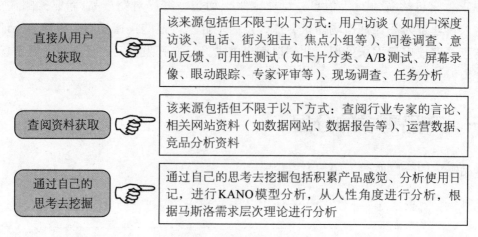

直接从用户处获取 ☞	该来源包括但不限于以下方式：用户访谈（如用户深度访谈、电话、街头狙击、焦点小组等）、问卷调查、意见反馈、可用性测试（如卡片分类、A/B测试、屏幕录像、眼动跟踪、专家评审等）、现场调查、任务分析
查阅资料获取 ☞	该来源包括但不限于以下方式：查阅行业专家的言论、相关网站资料（如数据网站、数据报告等）、运营数据、竞品分析资料
通过自己的思考去挖掘 ☞	通过自己的思考去挖掘包括积累产品感觉、分析使用日记，进行KANO模型分析，从人性角度进行分析，根据马斯洛需求层次理论进行分析

图3-11　需求的来源

产品需求的收集途径如图3-12所示。

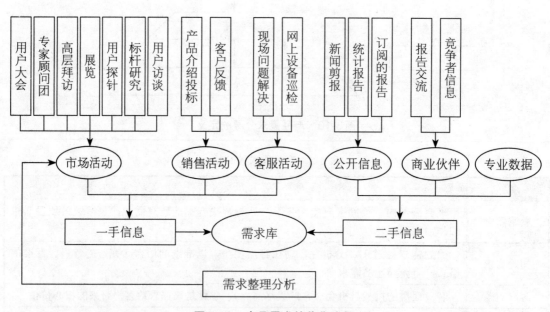

图3-12　产品需求的收集途径

（二）挖掘需求的方法

1.头脑风暴法

这是收集产品需求信息的常用方法。头脑风暴法的特点是让参与者撇开顾虑，自由发表观点，相互启发，产生尽可能多的创意，最终找出解决问题的最佳方案。

头脑风暴法的操作步骤如图3-13所示。

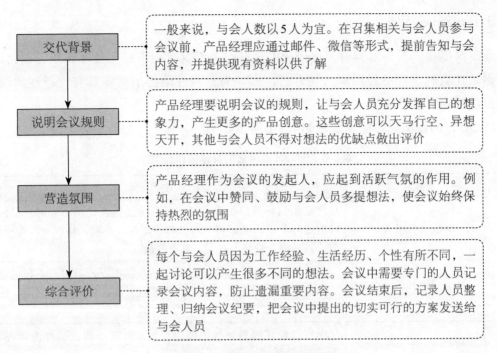

图3-13　头脑风暴法的操作步骤

若在会议中遇到阻碍，可以暂停，休息几分钟，再进行下一轮的头脑风暴。

2.创意分合法

创意分合法是训练创意思维方法之一，由戈登（Gordon）提出，此法主要是将原本毫无关联的一些元素加以整合，产生新的创意。创意分合法包括两种心理运作过程：使熟悉的事物变得新奇（由合而分）、使新奇的事物变得熟悉（由分而合），主要运用类推和比喻分析问题，并形成观点。产品经理在使用创意分合法时要遵循三个步骤，如图3-14所示。

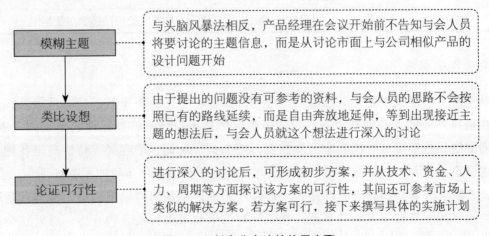

图3-14　创意分合法的使用步骤

3. 6W3H设问法

当面对庞杂的工作内容时，选择6W3H设问法不仅有利于产品经理系统、周密地思考问题，还有利于产品经理深入地分析问题，有针对性地提出更多具有可行性的设想，帮助自己制定合理的目标。

6W3H设问法的具体操作要领如表3-6所示。

表3-6　6W3H设问法的具体操作要领

序号	问题	说明
1	Who（什么人）	产品的目标用户是谁，是一类群体还是几类群体？对产品的用户群进行分析，了解目前用户群的年龄、性别、特征、所在区域、习惯、兴趣、爱好、收入、消费等情况
2	When（什么时间）	用户可能会在什么时候使用产品？在推介产品时，必须选择合适的时机，同时还要考虑用户的停留时间、使用高峰时间、跳出时间
3	Where（什么地方）	用户可能在哪些环境中使用产品？针对不同的操作系统环境、不同的地理位置，准备不同的方案
4	Why（为什么）	此法主要用于了解产品新功能的设计目的是什么，是现有产品没有满足用户需求还是满足用户的新需求，或者是满足时代发展的需求
5	What（是什么）	了解用户需要哪些功能并对产品功能进行分析，分析产品的基本功能和辅助功能的相互关系
6	Which（哪些）	市场上有可替代产品吗
7	How do（怎么做）	产品的使用流程是什么？产品符合用户的使用习惯吗？用户对使用体验满意吗
8	How much（多少钱）	用户使用产品需要付费吗？需要付多少？是否超出了用户的支付能力
9	How many（多少次）	用户的使用频率是怎样的，是经常使用还是偶尔使用

4. 属性列举法

属性列举法即特性列举法，也称为分布改变法，特别适用于老产品的升级换代。这种方法是将产品的特性列举出来，制成表格，然后再把改善这些特性的事项列入表中。属性列举法是根据设计对象的构造及性能，按名词、动词、形容词等特性提出各种改进属性的思路，从而萌发新设想的一种方法。属性列举法的操作步骤如图3-15所示。

关于需求挖掘，最后需要补充的一点是：无论你是从何种渠道、用何种方式获取需求，都需要先将其记录下来并整理，然后针对每个需求进行细致的分析，看看这个需求对改进产品是否真的有用，是否真是用户想要的，与自己的产品是否契合。

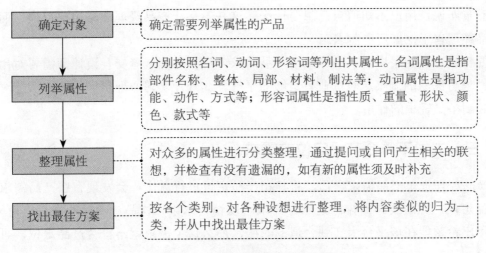

图 3-15　属性列举法的操作步骤

三、产品需求的筛选

通过上述各种途径获取用户需求之后，产品经理接下来要确认这些用户需求是不是产品需求。需求筛选的步骤如下。

（一）筛选掉明显不合理的需求

如果销售的是水果、饮品和生鲜产品，让商家提供VR技术帮助用户挑选和购买水果、饮品和生鲜产品，考虑到目前的技术水平，这个需求就是明显不合理的需求，可将其直接排除。

（二）提炼用户的真正需求

排除明显不合理的需求之后，再分析那些合理的需求。

产品经理要学会挖掘用户真正的需求，如图3-16所示。最经典的就是福特和马车的案例，福特问用户需要什么，用户回答说"较快的马车"。如果只着眼于用户提出的需求，你就做不出伟大的产品。福特无疑是位厉害的产品经理，他能发现用户真正的需要，并分析产品需求：用户需要的是更快地到达目的地，所以应该制造一个更好、更快的交通工具——汽车。

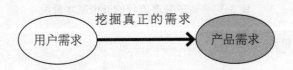

图 3-16　从用户需求筛选出产品需求

乔布斯说，用户不知道自己想要什么。这并不是让产品经理忽略用户反馈，而是要让产品经理善于挖掘用户需求。

要想从合理的用户需求中挖掘出产品需求，产品经理或者交互设计师需要对用户的真正需求有深刻的洞察，对行业有足够的了解。此外，学习心理学等相关知识能对需求分析起到举足轻重的作用。

（三）去掉不符合产品定位的需求

产品经理提炼产品需求之后，将其和产品定位进行对比，会发现有些产品需求不符合产品定位，此时要果断排除这部分需求。以销售水果、饮品、食材的垂直电商为例，如果用户希望能在该平台上买到合适的衣服，那么这个需求就不符合产品定位，可以果断排除。

筛选掉明显不合理的需求、提炼用户的真正需求、去掉不符合产品定位的需求，经过这三步，产品经理就可以得到产品的真正需求。

四、产品需求的管理

（一）需求管理流程的五个基本阶段

需求管理流程的五个基本阶段如图 3-17 所示。

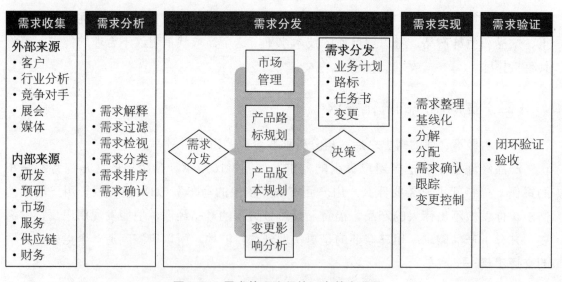

图 3-17　需求管理流程的五个基本阶段

（二）需求管理相关组织

需求管理相关组织如表 3-7 所示。

表3-7　需求管理相关组织

序号	名称	说明
1	需求管理团队（RMT）	是需求管理业务的驱动者和日常管理执行者，负责需求管理流程工具的推行和需求管理人员的技能提升
2	需求分析团队（RAT）	（1）每个产品线/产品都有一个正式任命的需求分析团队 （2）成员包括产品经理及营销、市场、研发、服务、生产制造各领域代表 （3）负责需求管理活动。通过例会（双周或月度）制度，对需求批量进行专业分析，包括解释、过滤、分类、排序等 （4）必要时进行市场调研，最终给出关键要素评估意见，包括收益、风险、工作量、是否采纳等，并确定开发优先级
3	需求实现团队	负责需求的设计、实现、测试验证
4	质量运营团队	负责需求管理业务的引导、度量、审计等持续改进

五、产品需求的分配

产品需求有六种分配途径，如下所示。

（一）途径A，纳入规划流程

对于长期和某些中期需求，在市场管理（MM）流程和技术和平台规划（TPP）流程中进行处理，进入新的产品和技术路标规划。

（二）途径B，纳入路标规划

对于中期需求，一般可以纳入现有产品和技术路标规划中，在某个或若干个已经通过评审的产品、技术中实现。

（三）途径C，纳入项目任务书流程

对于一些中短期需求，可纳入正在执行的项目任务书开发流程（CDP）中。

（四）途径D，纳入概念和计划阶段的研发项目

有的需求可以通过已经启动的处于概念和计划阶段的研发项目实现。如果要纳入处于计划阶段的项目，需要进行需求变更。

（五）途径E，纳入开发、验证和发布阶段的研发项目

该类需求是最紧急的需求，只有纳入已经处于开发或之后阶段的产品和技术研发项

目才能满足客户需求。

为了满足这类需求，必须执行设计或工程变更流程，而这类变更往往代价最大，要尽量避免。

（六）途径F，指的是对已经上市（发布会以后）的产品的需求

比如，希望价格更低、购买更加方便、增加售后服务内容等这类需求围绕现有产品提出，一般通过价格调整、构建更多更好的销售渠道、改善客户沟通策略和提高售后服务水平等来满足。

如果A、B、C分配方式的需求比例过少，就会导致研发团队疲于应对D、E的需求。

尤其是为了满足E的需求，将大大增加研发费用，同时影响上市时间。

如果F需求比例过高，说明产品开发过程中对"可营销性"考虑太少，将增加产品的销售难度。

为确保研发工作的有序性，以上几种类型的需求必须保持合适的比例，尤其是A类和B类需求的比例。

【模板02】▶▶▶ ···

客户需求卡片

需求名称	

采集的活动	客户陈述	产生的原因

客户情况介绍		

竞争信息	需求描述	客户的评判

【模板03】▶▶▶ ··

产品包需求表

领域	需求描述	价值（公司/客户）	竞争分析	稳定性	BSA	风险	优先级
				高	B		1
				中	S		2
				低	A		3
							4
							5

注：BSA是Basic、Satisfied、Attractive的首字母缩写，意思分别为基本需求、最好满足的需求、更具有吸引力的需求。

··

【模板04】▶▶▶ ··

设计需求表

产品包需求	实现市场需求—产品需求—设计需求—测试用例—测试计划—测试结果全面贯穿	
详细描述	客户核心期望、操作关键点、核心约束	
#	设计需求	参数范围（规格）
1	功能：支持Excel批量导入产品需求	
2	兼容性：支持从其他系统中导入相关产品需求	
3	安全性：产品需求的读写删要基于权限控制	基于系统角色、产品角色、项目角色权限定义
4	易用性：产品需求的展现要基于文件夹树结构来展示，体现层次感	
测试性分析	重点分析关键测试点	

··

第三节

路标规划与管理

产品路标规划是以实现企业愿景和发展战略为目标，根据外部环境和自身能力状况，对未来产品发展制定的策略措施和行动方案。产品规划的主要成果是产品线路标规划，或简称产品路标规划。

一、什么是产品路标

产品路标，又称为产品路线图，是产品或解决方案的发展方向和中长期规划。它主要描述了如何将短期和长期业务目标与特定产品的解决方案进行匹配，以实现这些目标。产品路标是一份计划，包含了产品的关键功能、发布时间表、预期市场推出时间以及关联的资源和预算等信息。产品路标规划的输出如图3-18所示。

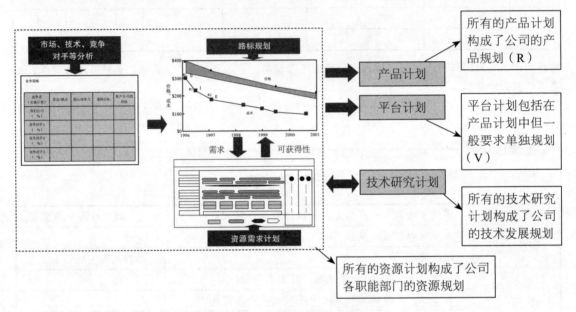

图3-18　产品路标规划的输出

二、产品路标规划流程

产品路标规划流程如表3-8所示。

表3-8　产品路标规划流程

序号	活动	说明
1	收集需求	汇总产品发展战略、客户需求、竞争对手分析、新技术和新标准的进展、产业政策、领导指示等信息
2	路标规划	总体组根据"客户需求驱动产品路标发展"的思想，收集并分析客户需求信息、市场竞争策略、新技术和新标准，结合领导指示和产品发展战略，规划出产品路标和产品技术需求计划
3	制定《产品路标规划草案》	《产品路标规划草案》是未来一定时间内的商业、产品和技术计划。其中，产品计划是以系列版本的形式表示；技术计划表示为满足客户需求，产品将要使用的技术及该技术使用的时间

序号	活动	说明
4	组织评审	《产品路标规划草案》提交给总体办组织评审，总体办组织预研部、市场部、相关业务部及资深专家对《产品路标规划草案》进行评审。如评审不通过，总体组重新规划产品路标，并提交新的《产品路标规划草案》进行再评审
5	修改和审批发布产品路标规划	如果评审通过，则根据评审意见，总体组对《产品路标规划草案》的内容进行修改，修改完后需要提交给总体办审批，审批通过后发布《产品路标规划》
6	组织制定《产品发布规划》	市场部组织PDT、总体组制定《产品发布规划》，主要是明确发布策略等，以统一研发市场节奏。《产品发布规划》经过评审通过后，由市场技术处发放相关部门执行

三、产品路标规划输入和输出的信息

（一）产品路标规划输入的信息

为了做产品路标规划，需要输入市场宏观信息、竞争信息、客户信息甚至自身分析，如表3-9所示。因为公司存在的唯一理由是服务于客户，规划是为了持续地服务客户，便于公司提前做好准备工作。

表3-9 产品路标规划输入的信息

序号	类别	说明
1	宏观信息	整个市场宏观发展趋势，如国家政策、经济状况、技术趋势等
2	竞争信息	前三位的竞争对手，站在客户角度，在客户最关注的信息方面，我公司与竞争对手满足程度的对比，甚至分析出竞争地位排名
3	客户信息	客户的需求是产品规划最主要的信息，但往往客户不知道自己要什么产品，更说不出产品应该具备的功能，他们往往会以抱怨的形式说出自己遇到的业务难题。分析客户的这些业务问题，就能够分析出我公司可以提供什么产品或者服务解决他们的痛点
4	自身分析	可以使用SWOT工具辅导分析，在这个市场中对我们来说有什么机会点与威胁点，我公司在这个市场中有什么优势与劣势

（二）规划信息的获得途径

产品经理要通过多种方式获得市场信息，这些方式有的获得的是中长期信息，有的获得的是短中期信息，正是由于有短、中、长期信息，才有必要做产品开发路标规划。

这些方式包括销售与服务人员反馈、公司高层和客户高层交流、展会、技术交流会、客户大会、公开媒体、标杆产品等。

为了使市场信息顺畅反馈到公司，公司应该建立市场需求信息收集管理团队，把几种方式都管理起来。

由于市场的需求信息有缓急之分，以及公司资源和能力受限，因此为响应市场需求，公司只能通过一系列的产品项目去满足，这就是规划。一般来说，未来1～3年叫规划，未来一年叫计划。

（三）产品路标规划输出的信息

产品经理负责制作的新产品开发路标规划中要包括这些信息：路标时间、产品功能、资源需求、产品现状描述。

从客户的角度，对公司的主要产品，以及支持整体战略的关键日期进行描述。这些产品可能是相关联的系列产品，而且可能不止一条路标，甚至通过路标图表示出来，如图3-19所示。

图3-19　产品路标规划之路标图

四、产品路标规划评审

产品经理制定的产品路标规划、产品管理部经理制定的公司产品路标规划均要经过上级产品管理委员会决策评审，评审通过后，作为指导公司产品开发任务下达。

（一）产品路标规划评审要素

产品路标规划关键评审要素一般要确认是否符合企业战略需要，细分市场划分是否合理，目标市场选择是否正确，是否有无法实现的技术难点，具体如表3-10所示。

表3-10 产品路标规划评审要素

序号	要素	说明
1	企业战略	与企业战略的符合程度，对提升公司的核心竞争力的影响
2	市场需求	是否符合市场变化趋势，细分市场划分、目标市场选择是否合理，客户需求分析是否准确，是否考虑国际化
3	竞争分析	竞争对手选择与分析，竞争产品分析，竞争策略
4	产品结构及技术保障	产品结构是否清晰合理，现有的技术能力对路标规划的支持，是否有无法解决的技术难点
5	预见性和持续性	是否考虑了重大技术突破对规划的影响，路标规划是否包含了在可预见的未来所需规划的内容，产品是否具备可持续能力
6	资源规划	各阶段资源投入的合理性，投入回报是否满足公司的要求
7	与其他产品的关系	对其他产品的继承程度，产品成果可共享程度
8	版本规划	版本特性安排的合理性，版本卖点，版本划分在时间上的合理性

范本

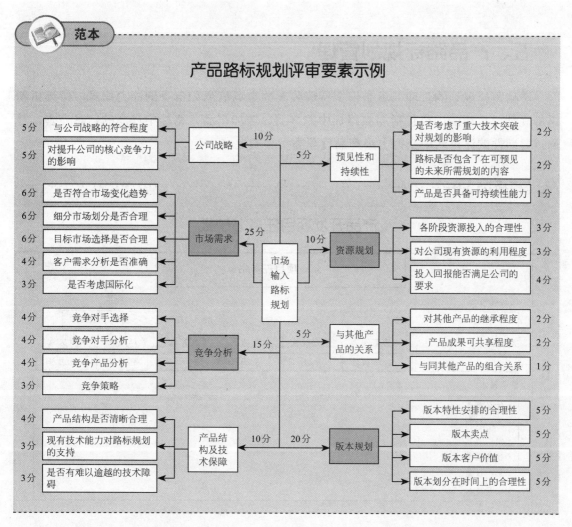

产品路标规划评审要素示例

（二）产品路标规划的评审步骤

产品路标规划的评审步骤如图3-20所示。

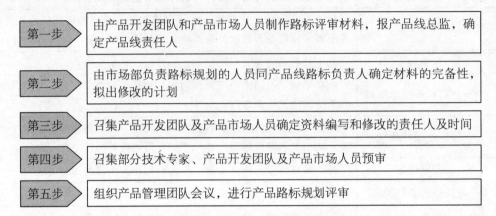

第一步	由产品开发团队和产品市场人员制作路标评审材料，报产品线总监，确定产品线责任人
第二步	由市场部负责路标规划的人员同产品线路标负责人确定材料的完备性，拟出修改的计划
第三步	召集产品开发团队及产品市场人员确定资料编写和修改的责任人及时间
第四步	召集部分技术专家、产品开发团队及产品市场人员预审
第五步	组织产品管理团队会议，进行产品路标规划评审

图3-20 产品路标规划的评审步骤

五、产品路标规划管理

产品路标规划的管理，就是根据持续收集的市场信息和自身的能力信息，持续更新路标规划，更新的内容包括删减路标中的产品、增加产品、路标中产品的信息完善，并通过周期性的评审活动获得上级产品管理委员会的批准。

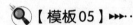

【模板05】▶▶▶ ··

产品开发项目任务书模板

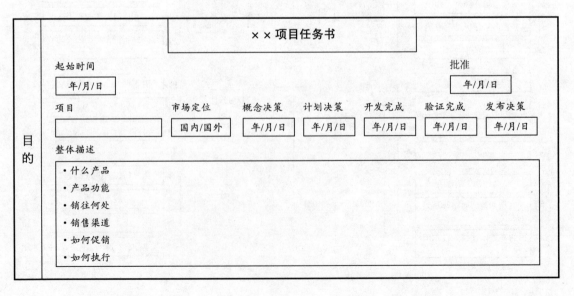

续表

市场	用户大致情况（城市或农村；国内或海外） 需求总结	市场历史

市场

用户大致情况（城市或农村；国内或海外）

需求总结

细分市场1　x%

细分市场2　x%

细分市场3　x%

市场历史

	市场容量	公司份额	占公司容量百分比
2021			
2022			
2023			

价格范围

竞争环境
主要竞争对手　产品（有软件、硬件、服务市场份额等）

产品竞争优势

1. 提议价格：（客户基本价）
2. 目标陈述：（份额、利润……）

战略目标
产品、条款、分销、支持、订单履行和品牌形象的目标描述（来自业务策略和市场管理）

组合定位

价格

产品族路标

2021　2022　2023

项目目标

项目目标

客户价格　　　产品生产周　　　毛利率%

成本　　　库存周转（次）　　　总预算%

税前收益%　　　收入（RMB）　　　产品型号

税前收益（RMB）

特殊的项目
结合地理/国家等方面的因素对需求进行分析，若有特殊影响，要给出相应的行动计划

团队

PDT经理　　市场　　研发　　财务　　PQA　　制造

采购　　客服

产品审批委员会（PAC）签字：

🔍【模板06】▶▶▶ ·····································

技术开发项目任务书模板

<table>
<tr><td colspan="5" align="center">××技术开发项目任务书</td></tr>
<tr><td colspan="2">启动时间</td><td colspan="2"></td><td>PAC批准时间</td></tr>
<tr><td colspan="2">××年××月××日</td><td colspan="2"></td><td>××年××月××日</td></tr>
<tr><td align="center">项目名称</td><td align="center">方案决策</td><td colspan="2" align="center">转移决策</td><td align="center">技术发布</td></tr>
<tr><td></td><td align="center">××年××月××日</td><td colspan="2" align="center">××年××月××日</td><td align="center">××年××月××日</td></tr>
<tr><td>整体描述</td><td colspan="4">-什么技术

-技术特点

-技术获取路线（对外合作/人才引进/外包/自主研发等）</td></tr>
<tr><td>研发投入</td><td colspan="4">具体描述整个技术开发项目的预算情况</td></tr>
<tr><td rowspan="4">需求来源</td><td colspan="2" align="center">需求项和基本技术指标</td><td align="center">应用领域</td><td align="center">最早应用时间</td></tr>
<tr><td colspan="2"></td><td align="center">应用领域1</td><td align="center">××年××月××日</td></tr>
<tr><td colspan="2"></td><td align="center">应用领域2</td><td align="center">××年××月××日</td></tr>
<tr><td colspan="2"></td><td align="center">应用领域3</td><td align="center">××年××月××日</td></tr>
<tr><td>应用领域介绍</td><td colspan="4">该技术可应用于××产品线的××产品中，主要针对××用户</td></tr>
<tr><td rowspan="2">技术演进</td><td colspan="4">技术线路图：

性能

2020　2021　2022　2023　2024</td></tr>
<tr><td colspan="4">说明：</td></tr>
</table>

技术所应用的品线收益	应列出技术应用的产品以及该产品线的预期经济效益，若暂时没有应用到产品，则应说明未来的应用方向，具体描述项目意义
产生的标准与专利	

TDT 经理	研发代表	系统工程师	工艺代表	采购代表		
					PAC 主任签字	

🔍 【模板 07】 ▶▶▶ ·······································

业务计划书模板

1. 综述（1～2 页）

（综述包含了业务计划的主旨：市场机遇、产品概念和产品盈利情况。这一节应该强调整个业务计划最重要的部分，包括目标、进度、利益、风险和必要的承诺。这一节是最后写成，措辞应紧凑能够统领全文，而不是细节情况。）

1.1 产品概要

（1）提议的产品是什么（产品功能、用途）？它的关键部分及原理是什么？

（2）产品的独特之处与主要卖点是什么？

（3）产品成功的关键要素是什么？我司在产品成功的关键要素上采取何种策略？（如假设手机成功的关键要素中有外观、低成本。公司通过合作解决外观设计，通过自己做 ASIC 降低成本。）

（4）产品阶段划分及推向市场时间。

1.2 市场机遇

（1）说明机会在哪里或该产品创造了什么市场机会？产品解决客户的什么需求或业务问题？

（2）客户怎样通过该产品受益？

（3）该产品的盈利分析综述（预计产品的投入和产出）。

1.3 产品策略一致性

（1）与产品线及公司的产品策略是否一致？

（2）产品怎样与当前和未来的公司产品及服务相吻合？

（3）产品的后续路标是什么？

2. 市场分析与市场策略（4~6页）

（这部分是市场概述，描述了市场和策略。）

2.1 市场概观

（1）市场机遇分析。

（从全球和国内两方面说明市场机遇、产业发展趋势、产品生命周期、市场机会窗和主要竞争对手对市场机遇的反应。）

（2）国家行业政策及其发展趋势。

（国家及行业管理部门在政策上对本产品领域的态度。）

（3）主要客户。

［说明产品主要的购买者及其消费特征，如购买方式、购买准则、付款方式（现金、买方信贷）、购买习惯、购买频次、购买流程等。］

（4）规模及增长率。

（预测产品的生命周期是多少，在产品生命周期内市场需求量发展趋势如何，以及最近三年内的市场容量预估。）

规模及增长率

时间	第一年	第二年	第三年
预计市场容量			

（5）价格及价格发展趋势预测。

（预测产品生命周期内的价格变化趋势，给出最近三年的价格发展趋势。）

时间	第一年	第二年	第三年
预计市场价格			

2.2 目标市场

（利用以下框架，从潜在市场中选择目标市场：）

（1）市场细分及目标市场。

（对整个市场进行细分，细分的标准可以有多种，如按地域分、按客户类型分、按销售方式分、按网络层次分等。确定我们的目标市场及客户群。说明每个目标市场的相对重要性。）

（2）每个目标市场客户的喜好及特殊需求是什么？市场需求和客户喜好的优

先级是怎样的？

（3）每个目标市场公司当前和期望的市场定位及市场份额是怎样的？

目标市场

目标市场		第一年	第二年	第三年
目标市场1	总容量			
	公司预期的份额			
	预计销售价格			
目标市场2				
目标市场3				

（4）分项各目标市场的差别，例如以下方面：

——规范和网络环境的差别

——跨不同地域市场的差别

（5）不同目标市场的差别在产品中如何处理？

2.3 市场策略

2.3.1 产品策略

（明确产品定位与主要功能、特性。）

2.3.2 销售策略

（确定不同目标市场的销售策略，包括销售渠道和技术支持渠道，是采用直销、代销还是分销，销售渠道的长短和宽窄。若不采用直销或技术支援由其他方进行，请说明管理措施。渠道长短指产品经过几级批发和零售才能到达客户手中，渠道宽窄指产品的销售渠道的多少。是否利用原有销售渠道，如果新建渠道，何时何地如何建立。）

2.3.3 价格策略

（根据价格发展趋势预测分析明确我司产品的价格策略。）

2.3.4 竞争策略

（针对国内、国外不同层次或不同区域的竞争对手给出我司产品的竞争策略。）

2.3.5 产品发布、公关与宣传策略

（发布策略：市场发布时间、地点、方式。）（公关策略：主要是确定针对客户、政府、行业主管部门、社会大众开展哪些公关活动，怎样开展，步骤是什么。）（宣传策略：主要是宣传内容、宣传思路、宣传方式及何时启动宣传，宣传要突出产品差异性，突出产品的独特卖点。）

2.3.6 产品生命周期与服务策略

（生命周期策略：根据市场机会窗绘制产品生命周期和设想的进入/退出的图表。说明生产结束、市场营销结束、服务结束的目标日期、时间进度是什么时候，产品替换战略是什么。）（服务策略：根据竞争对手的情况确定我司产品服务优势，给出相应的服务策略。）

2.3.7 产品组合销售策略

（主要说明产品立项后与公司其他产品互相组合支持，提供整体解决方案，从而提高综合竞争力及可能对公司其他产品的生产、销售造成的负面影响。确定捆绑销售或拆分销售策略。）

3. 竞争分析（3～4页）

（按市场细分识别主要的竞争对手并了解其特点。考虑目前及产品发布时预期的竞争对手的产品定位，包括：）

目前的市场竞争格局以及现有和潜在的主要竞争对手及其产品，他们已经占领的市场份额、销售量和取得的市场效应。

（1）竞争对手的强、弱势比较分析。

（2）产品功能、性能、价格及商务比较。

（与主要竞争对手功能、性能、价格、商务或性价比的比较，说明各自的优劣势。）

（3）销售渠道、技术支持渠道比较分析。

（与主要竞争对手的销售渠道和技术支持渠道的比较分析。）

（4）公关宣传及市场销售能力比较分析。

（与主要竞争对手在公关宣传手段、内容特点和市场销售能力方面的比较分析。）

（5）分析竞争对手对我司产品推出的反应、竞争策略和产品发展方向。

从目标市场来看，公司的产品怎样和竞争对手区分开来？我司产品的主要竞争能力是什么。

4. 产品概述（5～7页）

［这一部分包含产品的功能需求分析及系统规格书摘要（概念阶段单独的一步），这些内容要在业务计划的背景下考虑。目的是从概要层次将如下内容告诉研发与行销委员会和其他相关人员：产品是什么样的（功能需求）；将如何设计这一产品（系统规格书）；开发任务的范围。预期的衍生子版本需要单独定义。］

4.1 目前我司开发或市场销售版本情况

（如果是新产品立项，此条可不写。如果是升级版本的立项，则描述已开发或销售版本的现状及问题、局限性，如功能性能、物料、工程及维护、易生产性等方面存在的问题。指出哪些问题在本版本中可得到解决，哪些在后续版本中解决。）

4.2　产品需求/特性及其优先级定义

（产品需求是基于现有和潜在客户的需要和要求。按照以下三条分类给出产品主要需求列表。）

（1）产品必须具有的要素（"必须具有"）。

（2）满足特定客户的要求（"与众不同的地方"）。

（3）非必需特性（"具备这些功能的话将是很不错的"）。

4.3　产品需求分析

（产品需求必须以"公司的术语"来描述，分析如下内容：）

（1）产品主要需求、特性在开发周期内变更的风险。

（2）公司对产品主要需求、特性的理解。

（可选。如公司对大屏幕彩电理解为34英寸以上，而非29英寸。）

（3）将交付什么？什么时候交付？

（可选）

（4）完成产品需求须具备的基本条件。

（如技术手段、工艺、技能等。）

4.4　独特的公司内部需求

（要明确在要求的时间框架内成功地开发产品、使产品上市及产品支持的独特需求。需要哪些新能力或在当前条件下需要做哪些改变？）

（1）市场。

（2）开发和测试。

（3）采购/制造。

（4）内部及外部产品培训。

（5）服务及支持。

（6）其他。

4.5　技术需求和对策

（这一部分对产品技术因素进行充分的总结，使研发与行销委员会能在所获得的足够信息的基础上做出决策。）

（1）完成产品开发所需要的关键技术，这些关键技术实现的途径及可行性。这些技术的使用是否符合公司的技术战略？如果不符合，如何处理？

（2）关键技术生命周期及替代技术分析。在多种技术中选择了哪种技术？为什么？

（主要分析本产品赖以生存的关键技术的生命周期及存在或可能出现的替代技术，现已存在的替代技术或替代技术出现后对本产品竞争力的影响及相应的对策。）

（3）描述特殊的工艺和特殊的工具需求（开发、测试、制造、运输等）。

（4）描述设计周期内的主要的供应商、合作方及战略联盟方的角色。

（5）说明技术共享方面将采取的措施。

（从是否借鉴了其他产品的开发成果、利用公司内标准、货架化或成熟技术等方面说明技术继承；从产品的开发成果是否标准化，可被公司其他产品重用、货架化等方面说明技术重用。）

（6）公司自主知识产权取得（如技术合作中的知识产权共享与归属）和保护（专利或商业秘密）策略；存在的专利权障碍对公司产品开发和销售的影响及相应的规避策略；商标申请策略（沿用公司原有商标还是申请新商标）。

5. 生产和供货计划（1～2页）

5.1 产品的制造策略

（生产地及生产方式。）

（1）产品的哪些部件需要自制/外购的策略。

（2）总体工艺路线（生产组织方式）描述。

5.2 集成供应链的概述

（集成供应链是指为了缩短发货周期、减少库存而对订单处理、供应商管理、发货管理等过程中的要素进行管理，因此理解此处的"集成供应链的概述"是要描述从订单接收开始、到订单处理、组织生产、组织发货，包括供应商关系的整套生产和供货工作计划。）

5.3 生产测试概述

（哪些测试装备需要开发？哪些可以继承、外购？需要哪些自动化辅助设备、测试能力？）

5.4 关键产品成本跟踪流程（物料比例、制造成本）

[此项的目的是强调对产品成本不仅要有预算和核算，还要了解产品成本从何而来，要对导致产品成本的关键过程进行控制，达到降低产品成本的目的。举例：物料比例，有成熟物料占全部物料的百分比，同一厂家器件的百分比等，一般情况下，鼓励用成熟物料，控制同一厂家器件使用的百分比（即使质量较佳，也要避免独家供应商的现象出现），这可以由制造人员和采购人员共同确定。要重点关注关键高额器件、产品中成本较突出部分器件的加工。在概念阶段，PDT人员需要与制造人员、采购人员沟通，了解以往物料厂家的质量特点（好、坏）、工艺特点（如封装、贴片等），从而确定各种厂家物料选用的比例。一般地，制造部门

已积累了这方面的经验数据，可以提供PDT参考并作出决定。制造成本是产品成本的一部分，与产品库存周期（厂房分摊）、工艺路线、制造设备折旧、人工成本等有关，生产部有制造成本工程师这个角色。合理调整产品的工艺路线、缩短产品库存周期等措施都可以达到降低制造成本的目的。要重点关注高额制造部分的成本。]

5.5 产品需要的新的制造技术与流程说明

6. 市场计划（1～2页）

6.1 销售人员计划

　　——直销人员规模

　　——分销商分布及规模

　　——经销商分布及规模

6.2 生命周期内目标销售收入（份额、覆盖率、增长率）

　　——按年度的销售额

　　——按销售渠道（直销/分销）的销售额

　　——按区域（包括海外）的销售额

生命周期内目标销售收入

时间/渠道/区域	销售量	市场份额	覆盖率	增长率

6.3 按销售渠道的行销与营销计划：详细的销售生命周期

　　——启动宣传（宣传准备）时间段

　　——预销售（宣传，推广，却不实际签单）时间段

　　——受控签单状态（实验室、市场发布阶段）时间段

　　——合同状态（销售阶段）时间段

6.4 为支持各个渠道的销售计划，每个渠道的营销与行销所需要的资源

　　——新增的行销人员（技术支持、电信设计）

　　——新增的营销人员（客户关系）

　　——新增的管理人员

　　——新增的组织机构

6.5 制订初步的行业及市场准入需求和计划

（如为了进入某特定市场所需要的入网证、指定机构的测试报告、政府批

准等。）

　　广告计划——以下活动的初步时间和方案：（可选）

　　　　——新闻发布活动

　　　　——研讨会

　　　　——技术合作

　　　　——入网测试

　　　　——样板点

　　　　——展览会

　　　　——软性文章、媒体宣传

7. 用户服务策略（1～2页）

（这一部分对成功的产品服务所需要的要素进行归纳。）

（1）服务策略（描述保修、维修、服务收费策略）。

（2）备件、服务响应系统、呼叫中心或网上受理（描述提供服务的方式）。

（3）服务培训[描述培训方式（现场或公司培训中心）]。

（4）服务收入估计。

（5）服务的资源需求：

　　　　——新增的片区服务人员

　　　　——新增的技术支援人员（总部）

　　　　——新增的管理人员

（6）服务准备就绪计划。

8. 项目进度及资源（2～3页）

（这一部分列出产品开发中的总体过程，进度，里程碑及人员计划。）

8.1　项目进度概要

（1）说明一级计划并陈述相关的假设（整个项目一级计划的PERT图见附件——产品开发计划）。

（2）各个特性和重大活动（含里程碑及关键路径上的任务）完成的先后时间和配合依赖关系。

8.2　到下一阶段决策评审的计划

　　提供从概念决策到计划决策阶段系统设计详细活动（WBS图）及计划（以附件形式表示）；或从计划决策到市场发布决策阶段的详细活动（WBS图）及计划（以附件形式表示）。说明各步骤所需的时间及关键问题点。

8.3　建议的PDT组织结构及成员

（1）建议的PDT组织结构图。

（2）PDT及系统分析与设计组成员建议，产品开发成员建议。

（3）在决策评审点前与适当的研委会成员及相关资源部门经理对这些列表进行沟通的结果。

8.4　人员总体需求

（1）提供从概念点到量产点所需的各专业部门的资源需求。

（2）对人员的资格要求，适当考虑替代方案及意外情况。

8.5　预算/分配（可选）

（1）估计产品的预算及分配。

（2）讨论主要的未解决问题，包括资金投入的及时性及性质。将实际的项目资源、成本和时间进度与估计的整个项目的资源、成本和时间进度进行比较。

9.风险评估和风险管理（1页）

（1）存在哪些技术、市场和财务风险？

（2）已确认的风险和假设是否已解决？有无遗留问题？

（3）有无新的风险和假设？

（4）提供简洁的风险管理计划。为了减少风险，在各阶段必须做些什么？如果在计划的时间范围内这些风险不能解决，有没有准备其他的计划？

（5）如果没有这些风险，对项目会有哪些影响？

10.财务概述（2～3页）

［这是最重要的一部分，产品的销售量、价格、收入的预测分别是多少，产品的成本和费用（研发费用、生产制造成本、采购成本、市场推广成本、售后服务成本）是多少，财务人员将所有业务部门的承诺放到财务公式中进行详细的分析，确定产品能否赢利，何时开始赢利。最重要的是要明确定位成本在哪里。明确提出产品的财务目标。敏感度分析，提出可以接受的偏差。］

10.1　产品投入

10.1.1开发期研发投入估算

（包括从立项开始到产品转产为止的全部研发投入，如果有产品预研，需加入预研费用。具体数据摘自《研发预算书》中"研发费用合计总计"栏。）

10.1.2　前期市场投入

（包括从产品立项开始到市场发布决策评审时的市场销售投入。应由市场系统部估算，如估算困难，可简单估算投入的直接销售人员。）

10.1.3　总投入计算

（总投入＝开发期研发投入＋前期市场投入）

10.2　产品销售收入预测

（此部分数据从业务计划第二部分"市场分析与市场策略"部分引入，要包括产品生命周期内按时间轴各目标市场的销量、价格、销售收入等。）

产品销售收入预测表

序号	项目	第一年	第二年	第三年	第四年	合计
1	市场容量					
2	本公司市场占有率（%）					
3	本公司销售量					
4	市场销售（含税）价格					
5	含税销售收入（3）×（4）					
6	扣除增值税及其他税					
7	净销售收入（5）-（6）					

10.3 产品生产制造成本预计

10.3.1 量产产品设计材料成本预计

产品设计成本计算表（单件）

序号	部件	单位材料成本	配置数量	材料成本总值
1				
2				
3				
4				
…				
合计				

（概念阶段设计成本可粗略一点，估算到部件级即可。）

10.3.2 产品生命周期内生产制造成本预计

（根据采购降价计划预计，以及考虑在产品后续的维护及优化开发中，产品生产成本在生命周期内的变化趋势。）

产品生产成本预测表

项目	第一年	第二年	第三年	第四年
生产成本				

10.4 期间费用

（期间费用包括销售费用、管理费用、财务费用、用服费用。）

10.4.1 期间费用预算方案一

期间费用按销售净收入的一定百分比计算。百分比的确定可通过对公司在市场和技术等方面的相似产品的历史数据进行分析得到（可与计划财经部接口人联系，讨论确定）。

10.4.2 期间费用预算方案二

（1）销售费用应让市场系统部经理预计投入的直接销售人员人数，按人·月经验数据计算。

（2）用服费用让技术支援部产品经理预计投入的直接用服人数，按经验数据计算。

（3）管理费用按以上研发人数+销售人数+用服人数总和计算。

（4）财务费用可按净销售收入的百分比来计算。

（5）如果业务计划中7.10及8.4可以提供市场销售人员规划及维护人员规划和成本数据，可以直接引入或估算出销售及用服费用，按产品生命周期进行估算并以表格形式给出。

10.5 收益分析

利润表

单位：万元

序号	项目	第一年	第二年	第三年	第四年	合计
1	净销售收入					
2	生产成本					
3	其中：料本（设计成本）					
4	制造费用					
5	毛利润（1）−（2）					
6	开发费用					
7	销售费用					
8	管理费用					
9	财务费用					
10	用服费用					
11	税前利润（5）−（6）−（7）−（8）−（9）−（10）					
12	所得税（7.5%）					
13	税后利润（11）−（12）					
14	累计税后利润					
15	毛利率（5）/（1）					
16	净利润率（13）/（1）					

（说明1：制造费用主要是指生产工人的人工费用、生产管理人员的人工费用、生产设备折旧费用、生产用的水电费、生产中发生的消耗等。按公司产品的平均水平，制造费用约占物料成本的10%。如产品的制造方式与公司的主要产品制造方式和可生产性有较大区别时，可单独进行预计。）

（说明2：开发期完毕后的研发费用，如产品经理估计后续无大的开发工作量的情况下，主要指优化维护的开发投入，可按人·年估计）

投入产出比＝生命周期内合计税后利润／总投入

10.6 敏感性分析

10.6.1 盈亏平衡点

盈亏平衡点即"利润表"中累计税后利润等于0时，所对应的产品销售量和销售金额。盈亏平衡时间计算（包括产品从立项开始到达到盈亏平衡点的时间）。

10.6.2 敏感性分析

（1）单因素敏感性分析。

（2）分别计算销售价格、销售量、生产成本到多大时，税后利润总额降为0。

（3）综合敏感性分析。

（4）可选取上述风险分析中敏感性因素最可能的变化值组合，分析各财务评价指标。（如某项目，最有可能的方案是在基准方案的基础上，价格下降20%，成本同时下降10%，计算此时的毛利率、净利率、累计税后利润、盈亏平衡点各是多少。）

11.建议（1页）

（本部分描述了由开发调研团队提出的主要的可选择的方案以及他们对研委会的建议，也描述了项目的评审点日期和进行中间修改的触发点。）

11.1 选择方案及建议

（1）开发调研团队提出了哪些建议（包括项目上马或不上的建议）？为什么要提出这些建议？

（2）主要的决策选择方案是什么？在下一阶段开始之前，研委会必须对哪些方面做出决定？

（3）为了帮助项目组取得成功，研委会能够做些什么？

（4）建议的开发完成日期。

（5）估计的项目费用。

11.2 项目变化范围

（1）为中间的研委会会议建议触发点。

（2）考虑在下列方面出现变化的可接受程度。

  ——项目时间表

  ——产品成本

  ——现有可利用的人员和主要设备

  ——产品定义（用户交付件）

  ——收入

  ——利润

第四章
基于 IPD 的产品
开发阶段管理

产品开发（IPD）流程被明确地划分为概念、计划、开发、验证、发布、生命周期六个阶段，并且在流程中有定义清晰的决策评审点。这些评审点上的评审已不是技术评审，而是业务评审，更关注产品的市场定位及盈利情况。决策评审点有一致的衡量标准，只有完成了规定的工作才能够由一个决策点进入下一个决策点。

第一节

基于IPD的产品开发阶段

一、概念阶段

概念阶段是IPD结构化流程的第一个阶段，它是从接收产品开发任务到概念决策评审的过程，流程框架如图4-1所示。概念阶段的主要意义在于明确需求，同时评估产品机会是否与公司产品战略一致，是否符合公司业务策略的要求，并做出决策的过程。

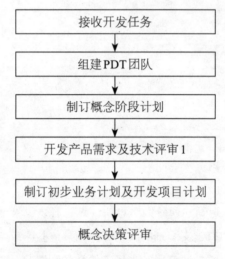

图4-1 概念阶段的流程框架

（一）概念阶段的主要目标

验证客户需求，形成客户需求规格说明书；进行多方案选择确认可实现技术路径，除分析客户需求外，综合分析可生产、可测试、可验证、可安装、可服务的需求，形成产品包需求规格说明书；对产品机会的总体吸引力及是否符合公司的总体策略做出快速评估形成业务计划书。

（二）概念阶段的主要活动

（1）接受任务书，组建项目团队。
（2）进行标杆设计、竞争分析和设计卖点。
（3）进行市场需求检验。

（4）形成客户需求规格说明。

（5）进行多方案论证和选择。

（6）形成产品包需求说明书。

（7）进行产品包需求和产品概念技术评审（TRI）。

（8）进行早期客户确定及销量预测评审。

（9）其他要素的策略。

（10）各分项业务策略。

（11）概念阶段决策评审。

（12）概念阶段总结。

（三）分步骤流程

1.组建团队

组建团队的业务流程如图4-2所示。

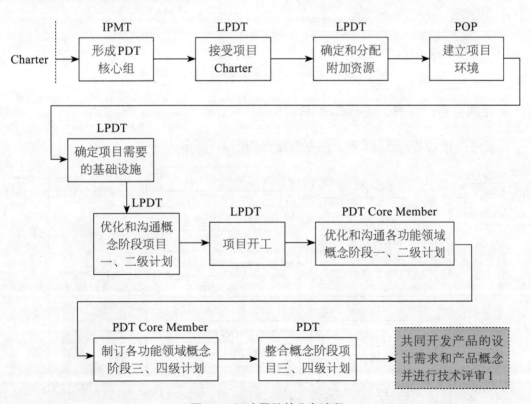

图4-2　组建团队的业务流程

2.共同开发产品包需求、进行TR1

共同开发产品包需求、进行TR1的流程如图4-3所示。

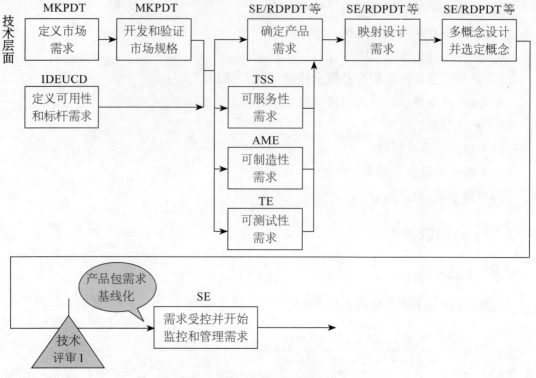

图4-3　共同开发产品包需求、进行 TR1 的流程

3. 完成业务计划书、进行 CPCP

完成业务计划书、进行 CPCP 的业务流程如图4-4所示。

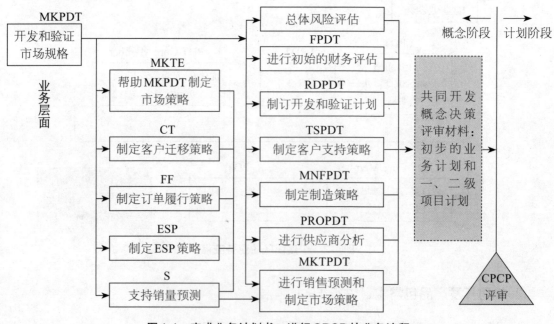

图4-4　完成业务计划书、进行 CPCP 的业务流程

（四）概念阶段的主要关注点

概念阶段的主要关注点如表4-1所示。

表4-1　概念阶段的主要关注点

序号	关注点	说明
1	资源分配和开工会议	强调项目管理与产品开发同绩效管理的结合： （1）每一阶段都要做 （2）概念阶段可能会涉及多概念选择的几个小组；如果方案比较明确，也可能直接明确系统工程师 （3）要求明确每个项目组成员是强矩阵还是弱矩阵 （4）评估项目组成员的工作量所占比重 （5）确定项目组成员的考核办法，并制定PBC
2	多概念选择及质量计划与监控	分析功能需求，然后多个小组选择最接近的一个概念（方案），去评定： （1）分析需求功能 （2）选择多个备选概念：依据以往的经验先选一个初始系统概念，然后再找出现有系统和新系统在功能上的差距。解决这些差距可以有不同的方法，包括重新设计甚至干脆放弃并替换现有系统的某些部分 （3）初步确定各方案的功能分解，一直要找到可能的技术 （4）根据实际情况，公司经多个系统工程师一起评定（可以根据进度，资源和方案的研发或更改难度，可维护、可安装和可生产性以及成本等），选择一个概念 （5）确定一个系统工程师开始制作产品包的需求说明书或再次进行验证；之后其他系统工程师进行评审 （6）确定质量计划的监控重点
3	TR1评审	（1）分层次评审产品的成熟度 （2）要求共享模块能否达到比例要求（如50%以上） （3）不能共享的新模块要求重新开发时，要明确是走预研流程还是B类或C类更改流程，以此评估风险
4	对新供应商启动认证流程	（1）在TR1后如果涉及新的关键技术或关键器件的外购和外协，可以提前启动新供应商认证 （2）在提前采购决定评审完后，再启动采购
5	业务计划书评审重点及监控	在目前重点评审项目管理的计划管理与资源配置和风险，市场部分分步加入，但一定要分析竞争和产业链： （1）重点关注进度计划与成本计划 （2）同时，确定各层次的开发，明确要走哪些流程 （3）项目交付完成后或产品交付完成后，完成哪些单机与整机及内部模块的产品化 （4）评审关键路径的关键资源 （5）评审主审人的资源和时间以及任职资格是否匹配 （6）关键路径和关键活动是否高配，如果有高配，是否有监控人 （7）初步的财务指标（可以在计划阶段细化）

（五）注意事项

（1）产品经理要重点投入。

（2）不要只关注技术，而要从产品的成本、价格、可交付、外观、界面、功能、性能、可靠性、可维护以及可安装方面分别对技术提出需求。

（3）从公司现有产品或竞争对手的产品中选择标杆，几个系统工程师共同分析，从产品的卖点角度考虑方案的选择。

（4）不仅要关注外部需求，更要提前考虑内部的需求（生产、测试、验证、安装、服务）。

二、计划阶段

计划阶段是对概率阶段的假设进行验证，通过与企业或者产品线达成的"合同式"协议，PDT 得到授权。

（一）计划阶段的主要目标及活动

计划阶段的主要目标及活动如表4-2所示。

表4-2　计划阶段的主要目标及活动

主要目标	主要活动
（1）完成从客户需求到功能需求、技术需求的映射 （2）从逻辑上完成从系统到子系统、整机单机、各模块的需求的分解分配。形成整个系统的规格定义，据规格定义完成从硬件到单板，从软件到模块及工艺结构的概要设计 （3）完成各个模块需要的资源配置 （4）完成公司的级计划，到各模块的级计划，到更详细的个人三级计划并签订绩效承诺 （5）若有长货期的物料及核心元器件的采购需要制订早期采购计划并控制风险 （6）详细地分析商业计划决定公司是否投入大量的资源进行开发，当公司计划阶段通过以后，后续的工作不允许失败，否则是决策的巨大失误	（1）增扩 PDT （2）计划阶段开工，制订阶段工作计划 （3）需求分解分配 （4）明确设计规格 （5）技术评审 TR2 （6）概要设计（软件、硬件、结构、工艺） （7）技术评审 TR3 （8）再次明确内部要素策略

（二）计划阶段的业务流程

计划阶段的业务流程如图4-5所示。

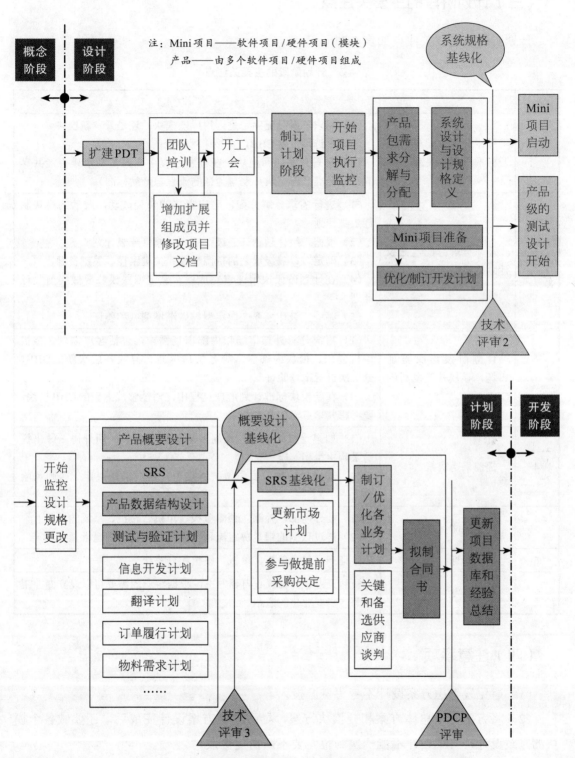

图4-5 计划阶段的业务流程

（三）计划阶段的主要关注点

计划阶段的主要关注点如表4-3所示。

表4-3　计划阶段的主要关注点

序号	关注点	说明
1	需求分解分配与CBB及标准计划的关系	（1）需求分解分配确定是选用成熟模块，还是开发新模块 （2）对选用成熟CBB，直接采用相应的产品标准 （3）对需开发的新模块，在开发过程中要同步制定是否能共享的产品标准（新模块开发与验证的流程与产品标准）
2	需求分解分配与三级计划的接口	（1）进行需求分解分配，确定哪些模块要改动，改动的模块制订二级计划 （2）根据二级计划制订三级计划，并修订一级计划 （3）确定二、三级计划的资源配置和关键路径、关键资源 （4）在计划阶段决策评审完成后，确定哪些模块要做提前验证计划 （5）哪些三级计划要先做定型再做渐增测试和验证
3	计划阶段再次验证市场，寻找并开发新的CBB	（1）再次分析外部市场和内部市场需求，包括客户需求、整机单机需求、模块内部需求等各层次需求，寻找各层次新的CBB，分层次进行市场验证 （2）在新模块标准计划形成过程中，对能够成为新的CBB模块，要考虑共享方面的开发要求
4	提前采购决策	（1）如果是成熟模块，长周期采购物资及长周期外协，做出提前采购决策和实施 （2）非成熟模块，要先做技术定型，再做采购决定，否则风险较大
5	销量预测与承诺	（1）要分内部、外部，预测单板、单机、整机、系统的销量 （2）通过预测的销量决定流程要做到小批量，还是批量或转产
6	市场验证	验证产品包含单板、单机、整机和分系统
7	资料开发	资料开发以IPD核心内容为主，根据客户的需要可以设立专业工程师，走专业化的道路

（四）注意事项

（1）避免只考虑方案设计不考虑资源投入。

（2）将方案分成总体方案和分模块方案，导致总体方案设计完成后，还要做各个模块的方案设计，方案设计不能一次到位，要不断重复更改。

（3）没有通过需求的分解分配来评估是否有解决的关键技术、哪些关键器件没有论证，导致开发的风险巨大。

（4）层次的方案和计划不能够有效衔接，导致方案和计划脱节。

（5）避免未将此阶段的计划与人员的绩效衔接起来而导致绩效管理和方案设计不相关联。

三、开发阶段

开发阶段主要根据产品系统结构方案进行产品详细设计，并实现系统集成，同期还要完成与新产品制造有关的制造工艺开发。

（一）开发阶段的目标

设计产品，并将在经过批准的最终业务计划中的特有技术开发、制造及营销策略和计划内容进行集成。

（二）开发阶段的主要活动

（1）核心组对项目进行管理和监控。

（2）SE 管理改进和进行设计检查。

（3）详细设计、资料开发＼翻译。

（4）技术评审 4（TR4）。

（5）开发测试软件单元。

（6）子系统和系统渐增式构建和测试。

（7）初始产品功能测试。

（8）技术评审 5（TR5）。

（9）其他功能活动：培训开发、咨询实施准备、发布准备、测试工具开发等。

（三）开发阶段的业务流程

开发阶段的业务流程如图 4-6 所示。

（四）开发阶段的关注点

（1）确保产品在市场上成功，评审市场及客户需求，评审产品及财务假设。

（2）设计和集成满足产品规格的产品。

（3）准备和构建产品原型。

（4）确保制造准备就绪：明确、处理及减少风险和非确定性因素至可接受的水平；确保产品具有可制造性；准备发布制造过程技术文档；验证计划阶段的假设。

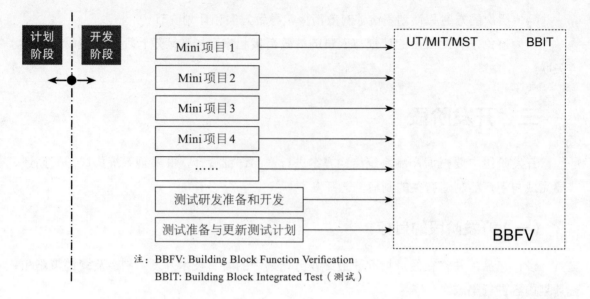

注：BBFV: Building Block Function Verification
BBIT: Building Block Integrated Test（测试）

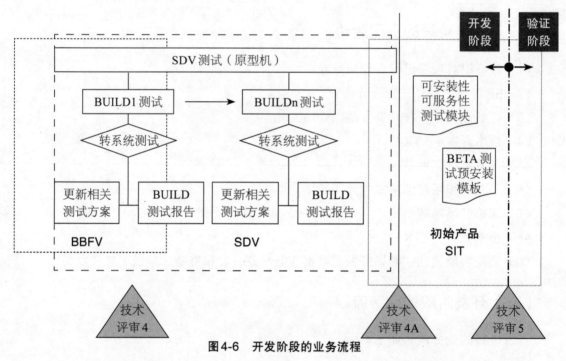

图4-6　开发阶段的业务流程

四、验证阶段

验证阶段以成功完成内部测试和转产为起点，包括进行硬件/软件压力测试、标准和规格的一致性测试以及获得专业认证。验证阶段做好准备工作，这样在发布时和一般可获得性（GA）日期可以达到相应的产量。验证阶段退出的主要标准是成功进行技术评审6可获得性决策评审点。

（一）验证阶段的主要目标

进行必要的设计更改来使产品符合需求，验证产品，发布最终的产品规格及相关文档。

（二）验证阶段的主要活动

（1）增扩PDT：进一步增扩PDT以满足后续开发验证活动对人员的需求。

（2）各模块详细设计：按照产品规格和概要设计进行各模块详细设计及实现。

（3）硬件和软件单元测试（BBFV、BBIT）：进行硬件、软件单元级别的构建模块功能验证（BBFV）和构建模块集成测试（BBIT）。

（4）技术评审4：对各模块详细设计进行评审，完成技术评审4。

（5）系统设计验证：对各个系统的功能设计进行验证。

（6）系统集成测试：对系统进行集成并完成集成测试。

（7）初始产品制造和测试：开始制造初始产品，并进行制造系统的测试。

（8）技术评审5：对初识产品进行评审完成技术评审5。

（9）开展SVT测试：对系统进行验证测试。

（10）开展Beta测试：选择一个典型环境对系统进行Beta测试。

（11）系统认证和标杆测试：进行系统认证测试和标杆测试。

（12）技术评审6：对产品规模生产进行评审。

（三）验证阶段的业务流程

验证阶段的业务流程如图4-7所示。

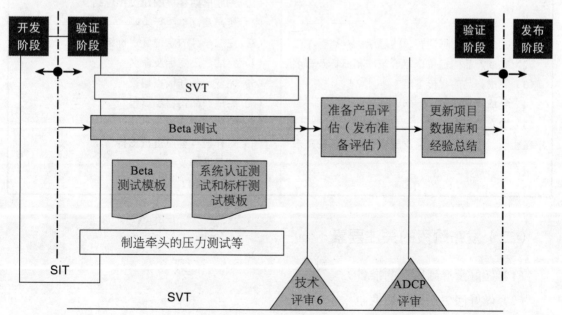

图4-7　验证阶段的业务流程

（四）验证阶段的关注点

（1）确保产品在市场上成功、审视市场及客户需求、审视产品及财务假设、审视发布计划。

（2）确保产品功能方面的信心，形成最终的产品规格，修改设计以满足规格要求（在工作原型中表现出来）。

（3）确保制造准备就绪：形成最终的制造过程技术文档；供应商是否已验证进行确认；验证是否已开发主要制造工艺并且在可接受的范围内发挥作用。

（4）证实开发阶段的假设。

五、发布阶段

发布阶段主要是对制造准备计划进行验证和评估市场发布计划并进行必要的修改以及证实验证阶段的假设。

（一）发布阶段的主要目标与活动

发布阶段的主要目标与活动如表4-4所示。

表4-4　发布阶段的主要目标与活动

主要目标	主要活动
（1）完成产品的早期客户的总结 （2）完成产品的定位、定价策略和商标及命名 （3）完成产品的宣传策略 （4）完成产品的推广策略 （5）发布产品并制造足够数量的产品以满足客户在性能、功能、可靠性及成本目标方面的需求	（1）完成早期客户的建设和总结 （2）转产及订单履行策略 （3）完成产品的定位、定价策略 （4）完成产品商标及命名 （5）完成产品样板点建设 （6）完成产品销售工具包 （7）完成销售培训 （8）对样板点客户进行支持 （9）产品发布及销售 （10）成立LMT

（二）发布阶段的关注要素

（1）做好量产到转产的准备。

（2）做好向生产操作切换。

（3）做好发布产品包。

（4）做好监控供应链。

（5）做好销售实施。

六、生命周期阶段

生命周期阶段作为IPD流程的最后一个阶段，此阶段公司需要加强产品的运营管理，以便收回公司在新产品研发方面的投入，抢占市场份额并获得利润，最终实现项目业务目标。

（一）主要目标与活动

生命周期阶段的主要目标与活动如表4-5所示。

表4-5　生命周期阶段的主要目标与活动

主要目标	主要活动
在产品稳定生产到产品生命终结期间内对产品进行管理；对产品进行B类或C类更改	（1）团队交接并召开启动会，对产品开发进行总结，留下部分研发成员进入LMT小组，进行产品更改，以便于不影响后面持续开发的产品 （2）持续销售、服务及B类或C类改进，对产品进行销售和服务及B/C类的更改，进入产品更改流程 （3）产品经营分析及监控，对产品的业绩进行评估并对价格进行核准和监控 （4）生命终止决策评审（LDCP），对项目是否终止进行评审 （5）产品总结，对产品的全生命周期进行总结

（二）生命周期阶段的关注要素

（1）做好生命周期目标成本管理和损益评估。

（2）做好市场营销策略及价格策略。

（3）产品包维护和改进。

（4）LMT的成立，明确绩效目标，以及PDT考核并解散。

七、IPD各阶段的输入/输出

IPD各阶段的输入/输出如图4-8所示。

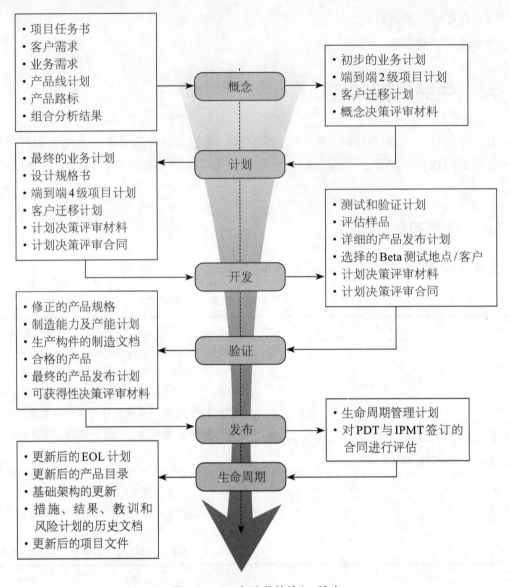

图4-8　IPD各阶段的输入/输出

第二节

产品开发的技术评审

技术评审的目标是对产品的技术细节进行仔细审查，以确保产品的设计、功能、性能、可靠性和可制造性等方面都满足预期的要求。

IPD中的技术评审（TR）就是基于IPD流程的新产品开发项目中的一些里程碑。技术评审属于质量控制手段，目的就是尽早发现开发项目在需求管理、系统设计、软硬件实现以及生产环节存在的问题，并帮助开发人员及时解决问题，控制开发过程质量，避免质量问题或风险流到下一环节，从而减少因返工、赶工给企业带来的资源浪费和进度损失。

一、技术评审点的设置

（一）7个技术评审点

技术评审点、评审内容的设计与企业的业务特点、项目复杂度有直接的关系。一般来讲，最常见的IPD流程中会设置6～8个技术评审点，对于项目复杂度较低、创新性一般的产品项目，有时也可以设置4～5个技术评审点。其中，比较广为接受的是华为的7个技术评审点方案，如图4-9和表4-6所示。

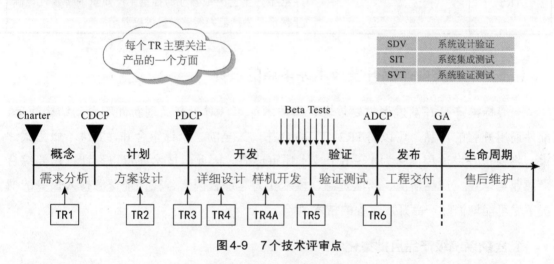

图4-9 7个技术评审点

表4-6 7个技术评审点的评审内容

序号	评审点	评审内容
TR1	方案需求和概念评审	需求包含了市场需求和公司内部的需求（DFX需求），评审内容包括市场需求传递、可制造性、可测试性、可服务性等方面的需求
TR2	需求分解和需求规格评审（功能需求评审，产品级规格）	检查产品包需求到产品设计规格传递的完备性，是对产品规格和总体技术方案的评审，评审内容包括设计方案的技术可行性、产品部件的重用度、产品目标成本达成措施的有效性、DFX（可制造性、可测试性、可服务性等方面的设计）、技术风险及应对措施

续表

序号	评审点	评审内容
TR3	总体方案评审（系统设计，架构设计，概要设计）	检查产品设计规格到概要设计之间的完备性。评估产品概要方案的缺陷；分析技术风险，形成应对措施；概要设计成本估算和产品目标成本对比
TR4	构建模块/系统评审（详细设计，BBFV测试结果）	检查构件模块测试验证结果是否满足概要设计要求，该评审又被看作是SDV准入评审
TR4A	功能样机SDV结果和初始产品的准备情况	目标是确定功能需求已经得到满足，性能需求已经基线化，但在这个阶段性能需求未得到完全满足，该评审是SDV通过及SIT准入评审
TR5	初始产品的质量（SIT结果）评审	TR5目的是确保产品符合预定的功能和性能要求，已经具备批量生产的条件。该评审是SIT准出及SVT准入评审
TR6	量产评审（SVT测试、制造系统验证等）	重点评估批量生产情况下供应链的准备情况，包括生产工艺的成熟性、批量生产质量的一致性，确保产品生产能力能够满足供应要求

（二）不同类型产品开发技术评审点的设计

一般标准产品开发过程需要包含这些技术评审，对于产品创新性不高、结构简单、部件通用性强的产品，可以将TR2和TR3合并，甚至前三个评审合并，TR4不做正式评审，将整个开发过程简化为4～6个技术评审环节。因此，技术评审点设计，需要综合考虑业务需要、产品情况、团队资源、技术实力等综合因素，在保证资源投入最少的情况下尽可能地消除产品开发过程的技术风险。

1.复杂系统级产品且批量化生产

针对复杂系统级产品且批量化生产，如手机产品、中小企业交换机产品、家用投影仪产品，结合IPD研发过程的五个阶段：概念、计划、开发、验证、发布，一般来说会设置7个一级技术评审点，如表4-7所示。

表4-7　复杂系统级产品且批量化生产一级技术评审点

阶段	序号	评审点	评审对象	组织者
概念阶段	TP1	产品包需求评审	产品包需求	PQA部
计划阶段	TR2	产品设计规格与总体技术方案评审	系统规格与总体技术方案	PQA部
	TR3	各领域概要设计评审（HLD）	构件模块设计	PQA部

阶段	序号	评审点	评审对象	组织者
开发阶段	TR4	各个构件模块实现	构件模块测试结果	PQA部
	TR4A	原型机：产品的功能需求实现，性能需求基线化	原型机测试结果	PQA部
	TR5	小批量试生产，性能机：产品的性能需求实现	性能机测试结果，初始产品	PQA部
验证阶段	TR6	产品验证：产品的供应链能力实现，产品认证和Beta测试完成	供应链测试、Beta测试、认证测试结果	PQA部

2.简单产品且批量化

针对化工品或者食品研发的公司等，产品没有手机、交换机、投影仪那么复杂，批量生产交付给市场，在研发过程中，会设置哪些一级技术评审点呢？

针对化工、食品等简单产品研发，研发过程划分为概念、计划、开发、验证、发布五个阶段，在每个阶段中所设置的一级技术评审点如表4-8所示。

表4-8 简单且批量化交付研发过程一级技术评审点

阶段	序号	评审点	评审对象	组织者
概念阶段	TP1	产品包需求评审	产品包需求	PQA部
计划阶段	TR2	产品设计规格与技术方案评审	设计规格与技术方案	PQA部
开发阶段	TR3	实验室样品：产品的功能需求实现，性能需求基线化	原型样品测试结果	PQA部
	TR4	小批量试生产：产品的性能需求实现、可靠性实现	初始产品测试结果	PQA部
验证阶段	TR5	产品验证：产品的供应链能力实现，产品认证和Beta测试完成	供应链测试、Beta测试、认证测试结果	PQA部

3.复杂产品，单台价值大，定制研发

大型设备产品，如大型挖掘机、大型搅拌设备、大型精密数控机床等这类大型设备，由于单台价值高，客户往往会定制采购。因此，在研发过程中，这种大型设备功能样机与性能机分别制作的可能性较小，首台研制设备既要满足功能又要满足性能，而且是在生产环境中制作完成的。

其研发过程包括概念、计划、开发、验证、发布五个阶段，研发过程中一级技术评审点设置如表4-9所示。

表4-9　复杂产品定制研发过程一级技术评审点

阶段	序号	评审点	评审对象	组织者
概念阶段	TP1	产品包需求评审	产品包需求	PQA部
计划阶段	TR2	产品设计规格与总体方案评审	系统规格与总体技术方案	PQA部
	TR3	各领域概要设计评审	构件模块设计方式	PQA部
开发阶段	TR4	各个构件模块实现	构件模块测试结果	PQA部
	TR5	试生产产品：产品的功能与性能需求实现、产品的制造能力实现	产品测试、供应链测试结果	PQA部
验证阶段	TR6	客户试用：产品认证和Beta测试完成	Beta测试、认证测试结果	PQA部

二、技术评审的要素

产品经理应明确产品开发过程中各评审阶段的评审要素及对应的文档或交付物，同时应明确评审资料的提供部门和资料评审负责人。以下提供华为公司IPD产品开发流程7个TR评审要素，如表4-10所示。

表4-10　华为公司IPD产品开发流程7个TR评审要素

一、TR1评审检查项

评审项目		评审检查要素
财务	1	产品目标成本是否已设定
质量	1	是否确定认证要求
	2	是否已完成认证需求分析
市场	1	市场需求与产品包需求是否匹配
	2	产品需求是否与产品成本目标相符
	3	客户需求是否得到验证
研发（SE）	1	产品包需求是否清晰
	2	选择的产品概念中的关键设计点是否可行
	3	我司产品的主要卖点是否能与竞争对手产品竞争
	4	产品包概念是否满足成本要求
研发（硬件）	1	产品概念使用新的PCB和芯片技术及成熟度是否满足开发和交付的需要
研发（软件）	1	软件需求分析是否完成
	2	产品卖点的软件部分评审是否完成
	3	方案的可行性是否评估完成

评审项目		评审检查要素
研发（结构）	1	客户外观需求中是否有特殊的工艺需求？如果有，是否已经过初步内部评审
	2	是否有同类竞品机型作为设计参考
研发（硬件测试）	1	产品包包含的需求或新技术，评估现有资源及用例是否满足当前硬件可测试性需求及风险
	2	产品包包含的需求或新技术，评估现有资源及用例是否满足当前可靠性、可测试性需求及风险
	3	竞品机性能指标是否满足产品规划需求
	4	可测试性需求分析是否完成
采购	1	关键物料的供应商/物料选择策略是否已经确定
	2	新器件是否符合器件路标库要求
	3	是否已确定物料可采购性需求
	4	Sourcing Team 的行动计划是否明确？风险分析是否完成

二、TR2评审检查项

评审项目		评审检查要素
财务	1	目标成本分解（技术方案）是否已给SE
质量	1	是否确认客户质量标准
	2	是否签核客户质量协议
	3	认证标准是否评估
市场	1	产品规格是否符合并覆盖大部分目标市场需求
	2	市场是否有变化信息影响目前产品竞争力
	3	产品规格是否符合产品成本及定价要求
研发（SE）	1	所有产品包需求是否被清晰地定义并映射到产品设计规格中
	2	是否完成需求跟踪的双向自检
研发（硬件）	1	是否遗留器件质量问题和采购风险
研发（软件）	1	软件功能分解是否完成
	2	器部件驱动评估是否完成
	3	软件方案是否确定
研发（结构）	1	此阶段的ID及工艺说明是否进一步明确
	2	ID及堆叠及硬件摆件是否已经过了初审
	3	新工艺是否满足产品（和模块）的可测试性设计需求
研发（工业设计）	1	Core 的初步设计是否完成（ID，方案）
	2	工艺设计初步自评是否可行（CMF，资源）

续表

评审项目		评审检查要素
研发（硬件测试）	1	是否已获取细分市场的产品质量标准
	2	测试方案及计划（初稿）是否确定
研发（软件测试）	1	测试方案及计划（初稿）是否确定

三、TR3评审检查项

评审项目		评审检查要素
财务	1	成本费用归集的财务模板是否已确定，成本关键器件清单或功能组合模块是否明确
	2	目标成本分解（技术方案）是否与SE核对一致
质量	1	质量目标和计划有否审批
	2	认证计划是否评审OK
市场	1	产品设计方案是否完全满足市场需求
	2	推广资料是否与设计方案相匹配
	3	开发计划是否满足推广样机时间、数量和质量要求
	4	市场是否有变化信息影响目前产品竞争力
研发（SE）	1	各模块的设计是否落实了产品的规格和性能要求
	2	设计过程中发现的缺陷是否得到解决或制订经过评审的解决计划
	3	概要设计里是否落实了EMC、安规、防护、环境、热设计、环保等需求
研发（硬件）	1	关键电子物料评审是否完成
	2	电气性能评审是否完成
研发（软件）	1	器部件选型评审是否完成
	2	各种认证的准备（研发部分）是否完成
	3	功能开发是否在按计划实施（各项需求等）
	4	软件合作模式是否确定
	5	硬件的原理图，软件是否参与评审并确定
	6	是否有知识产权和专利的风险排查

四、TR4评审检查项

评审项目		评审检查要素
财务	1	目标成本及实际成本之间的差距统计分析报告是否评审完成
质量	1	是否制订PCBA封样计划
	2	是否收集关键物料管控跟踪表
	3	是否准备认证资料＆样机

评审项目		评审检查要素
市场	1	开发进展及样机状态是否符合推广计划要求
	2	产品包需求达成情况是否符合市场需求
	3	市场需求变化情况是否影响推广及开发计划
	4	市场需求的关键点上开发状态是否正常，有何风险
研发（SE）	1	所有模块相关的设计规格是否全部实现
研发（硬件）	1	所有硬件单元和相关模块是否完成开发和测试？问题是否得到记录和跟踪
	2	研发自测报告是否已提供
研发（软件）	1	驱动器部件调试是否完成
	2	硬测需求是否满足
	3	可生产性需求是否满足
	4	研发自测是否完成？是否提供自测报告
研发（结构）	1	MD 详细设计是否满足工业设计规格书的要求？是否通过内部、客户、模厂评审
	2	结构 CNC 是否自装机进行初步验证
	3	整机公差评审是否已完成？公差评审报告是否完成

五、TR4A 评审检查项

评审项目		评审检查要素
财务	1	目标成本及实际成本之间的差距统计分析报告是否评审完成
质量	1	是否更新关键物料管控跟踪表
	2	是否更新项目物料跟踪表
	3	关键物料检查治具是否到位
	4	是否已经送样认证
	5	是否反馈认证问题点研发改善
	6	是否已经制定封样计划表
市场	1	开发进展及样机状态是否符合推广计划要求
	2	产品包需求达成情况是否符合市场需求
	3	市场需求变化情况是否影响推广及开发计划
研发（SE）	1	是否有设计变更？设计变更是否已得到充分的评审
研发（硬件）	1	整机是否满足相应的 EMC、热设计、可靠性、安规规范
	2	天线是否已经完成调试
	3	硬件的致命、严重遗留问题是否已经解决

续表

评审项目		评审检查要素
研发（软件）	1	需求是否已经封闭
	2	器部件效果的优化是否通过客观标准
	3	软件开发 & Debug 是否按照节点要求在进行
	4	软件需求实现率是否达到 8%
研发（结构）	1	整机是否满足相应的 EMC、热设计、可靠性、安规规范
	2	整机试产中的 ID/MD 方面的问题是否得到跟踪解决
	3	本专业的致命、严重遗留问题是否持续解决
	4	公差相关问题是否已得到验证

六、TR5 评审检查项

评审项目		评审检查要素
财务	1	目标成本及实际成本之间的差距统计分析报告是否评审完成
质量	1	阶段质量目标是否达成
	2	封样计划表是否完成
	3	送样认证是否完成
	4	认证问题点是否已改善
市场	1	首批合作客户是否已经签订
	2	其他市场及客户样机推广效果是否达到预期计划
	3	客户需求对现有产品设计及配置是否有影响
研发（SE）	1	是否全面验证需求实现情况？不满足项目是否影响早期发货（如有）
研发（硬件）	1	BOM 清单中各器件（PCB、结构件、标签等）图纸是否归档完毕
	2	设计规格书中要求的所有规格是否全部实现
	3	是否完成维修手册的归档
研发（软件）	1	需求是否已经全部实现
	2	软件故障数量收敛是否已满足客户要求
	3	整体效果优化是否达到验收标准
研发（结构）	1	机头 BOM 清单是否归档完毕
	2	结构物料是否有签样？（可以是限量样）全尺寸 FAI 是否有提供承认
	3	不同模具、供应商结构件是否有通过互配验证
	4	设计资料要求的所有技术要求是否全部实现
	5	本专业的致命、严重遗留问题是否持续解决

七、TR6 评审检查项

评审项目		评审检查要素
财务	1	目标成本及实际成本之间的差距统计分析报告是否评审完成
质量	1	质量目标是否达成
	2	认证是否完成？证书是否归档
市场	1	首批客户发货计划是否能够满足？如果不满足，是否有风险预案
	2	市场推广达成情况是否符合业务计划要求？首批客户测试情况是否会带来需求变更
研发（SE）	1	所有的需求是否经过验证已实现
研发（硬件）	1	产品中和硬件相关的全部规格是否实现？产品包需求和设计需求是否全部验证完成
研发（软件）	1	致命、严重遗留问题是否全部关闭
研发（结构）	1	产品中和结构相关的全部规格是否实现？产品包需求和设计需求是否全部验证完成
研发（硬件测试）	1	产品的全部规格是否实现？产品包需求和设计需求是否验证
	2	产品的致命、严重问题是否已解决
	3	所有测试报告是否评审通过并归档
研发（软件测试）	1	SVT 测试（系统测试、模拟用户测试、回归验证）是否完成
	2	Beta 测试是否完成
	3	所有测试报告是否评审通过并归档
采购	1	是否完成在验证阶段产生的所有新增物料认证
	2	验证阶段产生的新增物料的规格和验收标准已经由开发提供给 TQC
	3	所有新增的物料已经经过样品测试，没有影响产品稳定、功能的物料缺陷
	4	来料质量问题物料是否已解决
	5	为批量产品准备的订单是否经过评审和更新
	6	基于全部 BOM 的供应商/物料选择计划和风险评估与规避计划已经完成更新
	7	BOM 是否根据计划和采购的需要发布并通过上 ERP（企业资源计划）前的评审

三、技术评审的过程

合理的过程控制有利于保证技术评审的效果。产品经理应认真进行组织，图4-10为某企业的技术评审过程。

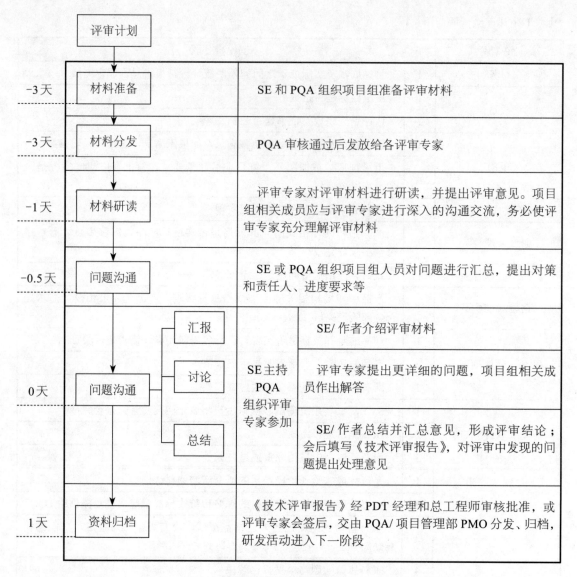

图4-10 技术评审的过程

四、技术评审的注意事项

（1）不仅要发现做得"好的方面"（优点），更要发现"坏的方面"（问题和风险），并进行详细讨论，而不是一味坚持进度，更不应因为缺少时间、关注于发现问题和风险以及预算而将评审省略。

（2）规范技术评审过程，特别是在技术评审会议前，应花时间阅读评审材料提高评审效率。

（3）评审之后的度量，评审结论的执行非常重要，必须得到落实。

产品开发的决策评审

决策评审是集成组合管理团队（IPMT）管理产品投资的重要手段，在决策评审中，IPMT始终站在投资商的角度来进行评审；集成产品开发（IPD）流程中包括了四个主要的决策评审点：概念决策评审点、计划决策评审点、可获得性决策评审点和生命周期终止决策评审点。决策评审点使得IPMT为PDT提供了一致的方向，同时也设置了监控项目进展的测评点及边界范围。

一、什么是决策评审点

为了能够降低产品开发项目中的损失，库珀和艾杰特在20世纪80年代提出"门径管理"，这一管理技术后来经过演变，在IPD产品开发过程中设置决策评审点（DCP，也叫决策检查点）。

所谓DCP，就是由企业管理层组成的IPMT，以会议的形式，对产品开发项目的阶段性成果进行评议和审查，对重大事项及时有效地进行决策。DCP可以为开发项目把握方向，对促进开发资源的有效利用具有重要意义。

在产品开发过程中，为了充分利用企业各个业务领域的专家智慧，还要进行业务专家层面的技术评审。技术评审可以有效提高产品设计质量，并为DCP提供决策依据。

二、决策评审点及要素

（一）四个决策评审点

产品开发流程四个决策评审点（DCP）分别为概念决策检查点（CDCP）、计划决策检查点（PDCP）、可获得性决策检查点（ADCP）、生命周期终止决策检查点（LDCP），如图4-11所示。

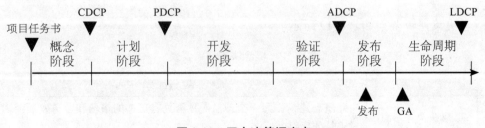

图4-11 四个决策评审点

这些评审点上的评审已不是技术评审，而是业务评审，更关注产品的市场定位及盈利情况。决策评审点有一致的衡量标准，只有完成了规定的工作才能够由一个决策点进入下一个决策点。在各个决策检查点，重点检查当前阶段完成的工作，关注的决策要点各有侧重，如表4-11所示。

表4-11　四个决策评审点的操作说明

序号	决策评审点	操作说明
1	概念决策评审点（CDCP）	在概念阶段结束时进行概念决策评审。PDT正式向IPMT报告初始的业务计划，由IPMT来决定项目是继续还是终止。 在初始的业务计划中，PDT将给出如下方面的内容：针对给定目标细分市场存在的机会分析、目标客户群、拟开发的产品描述、成本及风险估计、初始销量预测及初始财务评估。若初始的业务计划得到批准，IPMT将做出下一阶段开始前所需的承诺，项目进入计划阶段
2	计划决策评审点（PDCP）	在计划阶段结束时进行计划决策评审，PDT向IPMT展示最终的业务计划以及决策合同，由IPMT来做出继续/终止的决策，其关注点是建议的产品能否被及时推向市场并盈利。 最终的业务计划以初始的业务计划为基础，提供了更多的细节内容及对计划的承诺。若业务计划获得批准，则PDT与IPMT签订合同，合同中列出允许的偏差，项目进入开发阶段
3	可获得性决策评审点（ADCP）	在任何主要的发布花费投入之前进行可获得性决策评审，其目的是证实在计划阶段制订的业务计划中的评估和假设，并评估产品发布前公司的准备情况。关注点是该产品是否已准备好发布和发货。 在可获得性决策评审会议上，PDT正式向IPMT给出他们的建议，由IPMT来做出继续/终止的决策。若产品获得批准，则由IPMT分配资金，项目进入发布阶段
4	生命周期终止决策评审点（LDCP）	在产品生命周期结束时进行生命周期终止决策评审，审核产品生命终止的发布是否与新产品战略保持一致以及是否已很好地考虑了潜在的客户满意度方面的问题。关注点是该产品是否需要继续保留在市场上，如不需要，是否有将策略和费用都考虑进去的详细退出计划

（二）决策评审要素

1.概念决策评审要素

概念决策评审要素如表4-12所示。

表4-12　概念决策评审要素

序号	要素项目	要素细分
1	概念决策评审点	此概念建议作为一个产品，是否具有足够的市场和业务发展潜力（相对于其他项目）

序号	要素项目	要素细分
2	对市场的了解	（1）对市场是否已经有了充分了解，是否已经定义细分市场并选出了目标市场 （2）细分市场的特点是什么 （3）细分市场的特点是否来源于现在的实际信息（如销售意见、市场调查、客户意见） （4）市场细分定义是否最少包含一种客户购买标准的观点 （5）选定了哪些细分市场？哪些细分市场没有选择？市场吸引力优先顺序是怎样的（外观、价格、功能） （6）所选细分市场怎样同经营愿景、宗旨、目标和公司战略相一致 （7）针对本产品的对市场的了解是怎样获得的 （8）在这个市场或细分市场中，客户价值何在
3	产品/产品包	（1）概念建议真的具有竞争力吗 （2）市场中有哪些竞争产品？如何打败它们 （3）什么是本产品独特的关键竞争力 （4）公司还有哪些其他产品也在准备进入这些细分市场？本产品与它们有什么关系 （5）这些细分市场的风险主要是什么 （6）本产品易用性目标是什么 （7）是否验证了客户的需求 （8）PDT所有关键成员都已明确并可以到位吗 （9）客户作出购买决定的驱动力是什么 （10）如何运用客户$APPEALS来评估产品与相关的竞争对手产品对比的优劣势？制定了怎样的计划让客户接受、认可本产品
4	分销渠道	（1）在选定的细分市场，是否有有效的销售渠道 （2）在确定的细分市场取得成功，需要采取什么措施 （3）怎样使用现有渠道来销售本产品并获取利润 （4）是否需要新的渠道？若需要，怎样建立能够盈利的新渠道 （5）在市场内是否有充足的行销和销售资源来支持本产品 （6）是否需要解决一些战略问题，比如合作伙伴、技术许可、代理商等
5	业务潜力 （相对于其他产品/产品包）	（1）此概念建议作为一个产品，是否具有足够的业务发展潜力 （2）本产品对于业务区段或者公司来说，是否为一项战略投资？如果是，解释一下原因及谁是赞助人 （3）本产品是否有一个合理的业务方案 （4）预计何时能实现盈亏平衡 （5）有何业务风险 （6）在这一个市场上，还有其他哪些公司同类产品 （7）在这一个市场上，相对其他公司产品，本产品如何定位 （8）本产品的推出会导致哪些产品退出该市场

续表

序号	要素项目	要素细分
6	开发计划	（1）是否可以制订一项风险可接受的开发计划 （2）本产品的范围和定义是否非常清晰、确定，可以转入下一阶段 （3）PDT的建议是否包含项目初步的时间进度表以及计划阶段的结束日期和主要里程碑 （4）有哪些主要风险及其潜在的影响 （5）人力资源是否可以获得？他们是否具有必要的技能和经验来完成下一阶段工作？如果没有，如何获取下一步实施工作所需的资源及技能 （6）是否已经确定PDT主要的人力资源来进行计划阶段工作 （7）如果这是一项"关键"项目，是否派遣了一名通过资深的项目经理或者一位指导者给PDT

2.计划决策评审要素

计划决策评审要素如表4-13所示。

表4-13　计划决策评审要素

序号	要素项目	要素细分
1	计划决策评审点	此计划操作性、可行性和完整性是否可以保证开发顺利进行
2	开发计划	（1）有没有一个现实的开发计划 （2）在最终建议及支撑文档中是否清晰地定义了产品/产品包 （3）在质量、可用性和可服务性方面将会有哪些具体的投资？这一产品/产品包是否有一些新的挑战性的质量目标？如果有，是什么 （4）做出了哪些决定以在设计中优化共用部件的使用 （5）项目范围是不是已基于市场和需求分析做了相应改变 （6）项目管理流程是否到位 （7）是不是按IPD流程来操作 （8）IPD流程是否已被验证能满足关键的质量和交付目标 （9）在最终建议中列出的总体进度是不是基于对需要的工作量的充分理解？是否能抓住市场机会 （10）PDT经理是否理解和同意项目状态报告的方法和频度 （11）有没有更改、问题及争议管理流程 （12）从以前的项目中吸取了哪些经验教训？如何应用到本项目 （13）是否确定了后续阶段的PDT成员？是否分配了PDT资源 （14）这一产品/产品包的上市计划与公司以前的产品/产品包相比如何？与主要竞争对手相比呢？与业界最佳相比呢 （15）计划是否考虑了所有关键人物的意见 （16）资源需求计划是如何制订的？考虑了哪些例外情况

序号	要素项目	要素细分
3	业务潜力 （计划决策评审点）	（1）这个概念是否仍有充分的业务潜力（相对于其他产品/产品包而言） （2）对产品机会的财务分析是否已足够详细，可以对该计划进行评估（销售量、投资回报率、盈利时间） （3）是否已制定了财务分析图来描述并说明该产品/产品包能支持公司财务计划 （4）相对于风险和所需的资源，预期的收益（市场份额、利润率和投资回报率）是否适当 （5）相对于其他可能争夺资源的产品/产品包，该产品/产品包的优先级如何 （6）该建议是否继续有业务意义
4	分销渠道	（1）为确保建议的迅速成功，需要做些什么 （2）为确保每个分销渠道对被建议的产品/产品包起积极作用，需要做些什么 （3）是否会有合适分销渠道来发布和销售产品包 （4）对于每个确定的渠道的预期销售量是多少，以及要实施怎样的销售激励计划 （5）销售资源的含义是什么，它们是否已经得到承诺 （6）是否已为销售和支持制订培训计划
5	具有竞争力的 产品包 （分销渠道和客户）	（1）对于分销渠道和客户，该产品/产品包是否有竞争性和吸引力 （2）为了确保客户对我们的产品包从整体上比竞争对手的更为满意，已经做了些什么 （3）为了证实该产品包对于客户和销售渠道有吸引力，已经做了些什么 （4）为理解市场和客户购买标准已经做了些什么，能否被市场调研和客户反馈所支持 （5）该产品/产品包能否如预期地在 GA/发布点提供充分的竞争优势？（为什么它会赢？）竞争优势能否保持？在每个挑选的目标市场将如何获取充分的市场份额 （6）该产品/产品包是否继续符合公司的策略
6	风险	（1）对于已确定的风险，有哪些规避计划 （2）有哪些关键交付风险及其规避计划 （3）是否已经评估所有的风险，并制订好适当的规避计划，具体是什么 （4）自概念 DCP 以来，发生了哪些风险变更，这将如何影响产品的生存与发展能力

3. 可获得性决策评审要素

可获得性决策评审要素如表 4-14 所示。

表4-14　可获得性决策评审要素

序号	要素项目	要素细分
1	可获得性决策评审点	产品是否已准备好发布和发货
2	发货质量	（1）新产品/产品包比得上或超过前面产品/产品包的质量目标吗 （2）产品/产品包的所有依赖关系是否已经具备？是否理解和处理了软件、硬件和结构集成方面的考虑因素 （3）如何验证了设计稳定性 （4）该产品/产品包是否已完成了所有的外部和内部认证需求，如3C认证、入网等 （5）是否已实现在早期阶段确立的可用性、性能和质量目标 （6）公司知识产权是否受到保护，如专利方面 （7）为了确保客户在该产品/产品包中比前产品更少碰到故障，已经做了些什么 （8）有哪些迹象显示设计实现已足够稳定 （9）测试结果和客户评估结果是否保证了该产品/产品包的一般可获得性？提出证据 （10）从试用或试销售中得到什么反馈和改进
3	发布和沟通计划	（1）是否有有效的发布和沟通计划 （2）关键的市场主题和信息是什么 （3）采取了什么措施来确保关键的组织完全投入到产品/产品包的发布（公司销售队伍、业务伙伴、媒体、顾问、任何其他的） （4）发布计划的关键要素是什么 （5）生成和分发市场营销材料的计划是什么 （6）从试用的客户中获取了什么样的参考意见
4	渠道搭建	（1）搭建渠道的工作完成了吗 （2）关键渠道怎样启动（公司销售队伍、渠道伙伴和经销商） （3）什么是最可能发生的渠道冲突？有什么方案来处理这些冲突
5	支持结构	（1）技术支持和缺陷支持结构是否到位 （2）销售和支持的培训计划是否已实施 （3）在每个销售区域和每个渠道，缺陷怎样处理 （4）在每个销售区域和每个渠道，非缺陷问题怎样处理
6	风险	（1）业务和技术风险是否可以接受？风险规避计划是否制定好 （2）有哪些主要的尚未解决的业务风险？如何处理 （3）有哪些相关的尚未解决的技术风险？如何处理 （4）所有这些风险和不确定性是否已被消除或者减少到可以接受的水平？假如没有，相关的行动计划是什么？谁是责任人
7	业务展望	（1）该产品是否仍然提供足够的业务潜力（相对于其他的计划和竞争） （2）该产品是否会保持业务意义 （3）该产品何时能实现盈亏平衡？与竞争产品、同类最佳以及前面推出产品的比较结果是怎样的

4.生命周期决策评审要素

生命周期决策评审要素如表4-15所示。

表4-15 生命周期决策评审要素

序号	要素项目	要素细分
1	生命周期决策评审点	该产品应该继续保留在市场上吗？假如不，是否有详细的退出计划，其中包括对策略和花费的考虑
2	市场	（1）该产品是否仍有竞争力 （2）该产品关键的竞争优势是否仍然有效？客户是否仍然认同它 （3）竞争对手是否使用替代产品来挑战该产品 （4）竞争对手对我们的市场份额有什么影响 （5）不同的和（或）新兴的市场是如何考虑本产品的
3	业务计划	（1）业务计划是否仍然有效 （2）该产品怎样实现其计划的财务目标 （3）为了延展产品生命而加入的额外投资是否有价值
4	销售	（1）销售渠道的表现是否仍然与预期的相一致，渠道是否持续实现了可接受的目标 （2）该产品是否适合公司当前的策略
5	开发	（1）该产品是否正如计划和可获得性决策评审点定义的那样满足客户期望 （2）该产品是否满足客户对可靠性和质量的期望 （3）该产品是否继续利用了公司的技术 （4）该产品是否还有足够的技术支持能力
6	售后服务	（1）该产品是否能提供完全的售后服务能力，以满足客户需求 （2）该产品的备件是否能采购到 （3）该产品的维修是否能保证
7	采购	（1）该产品的部品供应环境是否发生巨大的变化 （2）该产品所用的部品是否还能容易获得或价格发生很大的变化 （3）该产品是否有关键材料已经无法获得，也无法替代

三、决策评审会议流程及规则

（一）决策评审会议流程

IPD决策评审采用结构化准备方式的决策评审会议流程使决策评审会议更有效。该流程如图4-12所示。

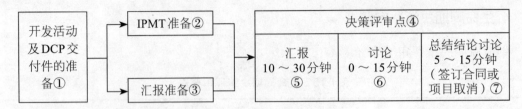

图4-12 决策评审会议流程

图示说明：

① PDT成员和其职能部门经理评审开发活动及交付件——确保对DCP评审材料没有意外；

② 评审材料包提前于正式评审会5个工作日分发给IPMT成员；

③ PDT成员和IPMT成员单对单讨论DCP材料的内容和存在问题；

④ 只有IPMT和PDT参加会议；

⑤ PDT经理根据提纲向IPMT汇报，IPMT在汇报中问一些澄清性的问题；

⑥ IPMT成员向PDT提深层次的问题作为决策的背景信息；

⑦ IPMT做决策，PDT经理一直在场以全面理解决策，IPMT秘书记录决策。

（二）决策评审会议的基本规则

若任何一位IPMT成员不能参加IPMT会议或决策评审会，应该通知IPMT执行秘书以便根据情况对IPMT会议时间表进行调整。一个重要的IPMT基本规则是只有在很特殊的情况下，IPMT成员才可以派一名代表出席概念或计划决策评审会议。若一名IPMT成员未能与会，他/她的代表必须能全权代表该IPMT成员做出承诺决策，IPMT成员事后不能推翻这名代表的决策。若IPMT成员出席率不能达到3/4，则决策评审会议将被取消并将另行安排时间。

第五章
基于 IPD 的研发
项目管理

产品研发项目是企业最常见的一种项目。集成产品开发流程要求设计的产品，从市场中来，最终通过项目活动来满足市场需求。也就是说，产品开发项目不仅仅是技术体系一个部门的工作，而是需要其他部门参与形成跨部门的团队才能完成产品开发目标，保证市场的需求。为了完成产品开发项目"端到端"目标，产品开发项目团队成员由跨功能部门组成，项目经理则是这个团队的领导。

第一节
研发项目启动

一、制定项目章程

项目章程是证明项目存在的正式书面说明和证明文件，由高级管理层签署，规定项目范围，如质量、时间、成本和可交付成果的约束条件，授权项目经理分派组织资源用于项目工作。项目章程通常是项目开始后的第一份正式文件，主要包括两方面内容：一是项目满足的商业需求；二是产品描述。其通常也会包括对项目经理、项目工作人员、项目发起人和高层管理人员在项目中承担主要责任和任务的描述。

在项目启动阶段，项目章程是正式批准项目的文件，包括了对项目所产生的产品或服务特征以及所要满足的商业的简单描述。

项目章程也是管理层给项目经理的任命书，授权给项目经理调用各种资源。在合同环境下，所签的合同常被作为卖方的项目章程。

（一）项目章程的内容

项目章程是整个项目的宪法，《项目管理知识体系指南》（PMBOK指南）对项目章程的内容做了精简，以更加体现它作为项目宪法的原则性。根据PMBOK指南，项目章程应该包括的主要内容如下。

（1）概括性的项目描述和产品描述。

（2）概括性的项目描述包括项目的总体范围和总体质量要求。

（3）可测量的项目目标和相关的成功标准。

（4）项目的主要风险。例如，可以列出项目的主要风险类别。

（5）总体里程碑进度计划。

（6）总体预算可以是一个概算区间，如，在100万元至130万元之间。

（7）委派的项目经理及其职责和职权。

（8）发起人或其他批准项目章程的人员的姓名和职权。

由此可知，在项目章程发布时，已经做了一些设计和估算工作。

需要注意的是，虽然项目经理可以参与甚至负责起草项目章程，但项目章程不是由项目经理发布的，而是由项目团队之外的管理层发布的，项目经理只是项目章程的实施者。作为项目的宪法，项目章程中的内容应该是一些原则性的、概括性的问题，通常不会因项目变更而需要修改，除非是发生了非常重要的变更（如考虑是否需要终止项目）。

（二）项目章程的制作

1.项目工作说明书

项目工作说明书（Statement of Work，SOW）是对项目需交付的产品、服务或输出的叙述性说明。对于内部项目，项目启动者或发起人根据业务需要及对产品或服务的需求来提供工作说明书。对于外部项目，工作说明书则由客户提供，可以是招标文件（如建议邀请书、信息邀请书、投标邀请书）的一部分或合同的一部分。

项目工作说明书包括的内容如图5-1所示。

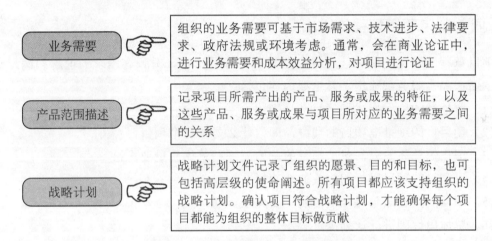

业务需要	组织的业务需要可基于市场需求、技术进步、法律要求、政府法规或环境考虑。通常，会在商业论证中，进行业务需要和成本效益分析，对项目进行论证
产品范围描述	记录项目所需产出的产品、服务或成果的特征，以及这些产品、服务或成果与项目所对应的业务需要之间的关系
战略计划	战略计划文件记录了组织的愿景、目的和目标，也可包括高层级的使命阐述。所有项目都应该支持组织的战略计划。确认项目符合战略计划，才能确保每个项目都能为组织的整体目标做贡献

图5-1　项目工作说明书包括的内容

2.商业论证

商业论证或类似文件能从商业角度提供必要的信息，决定项目是否值得投资。高于项目级别的经理和高管们往往使用该文件作为决策的依据。在商业论证中，开展业务需要和成本效益分析，论证项目的合理性，并确定项目边界。通常由商业分析师根据各干系人提供的输入信息，完成这些分析。发起人应该认可商业论证的范围和局限。

3.协议

协议定义了启动项目的初衷。协议有多种形式，包括合同、谅解备忘录（MOUs）、服务品质协议（SLA）、协议书、意向书、口头协议、电子邮件或其他书面协议。通常，为外部客户做项目时，就用合同。

（三）制定项目章程的工具和技术

1.专家判断

专家判断可用于本过程的所有技术和管理细节。专家判断可来自具有专业知识或受过专业培训的任何小组或个人，可从许多渠道获取，包括组织内的其他部门、顾问、项目干系人（包括客户或发起人）、专业与技术协会、行业团体、主题专家（SME）和项目管理办公室（PMO）等。

2.引导技术

引导技术广泛应用于各项目管理过程，可用于指导项目章程的制定。头脑风暴、冲突处理、问题解决和会议管理等，都是引导者可以用来帮助团队和个人完成项目活动的关键技术。

（四）制定项目章程的输出

项目章程的制定主要关注记录商业需求、项目论证、对顾客需求的理解和满足这些需求的新产品、服务或输出。其主要内容包括：

（1）概括性的项目描述和项目产品描述；

（2）项目目的或批准项目的理由，即为什么要做这个项目；

（3）项目的总体要求，包括项目的总体范围和总体质量要求；

（4）可测量的项目目标和相关的成功标准；

（5）项目的主要风险，如项目的主要风险类别；

（6）总体里程碑进度计划；

（7）总体预算；

（8）项目的审批要求，即在项目的规划、执行、监控和收尾过程中，应该由谁来做出哪种批准；

（9）委派的项目经理及其职责和职权；

（10）发起人或其他批准项目章程的人员的姓名和职权。

项目章程的要素如图5-2所示。

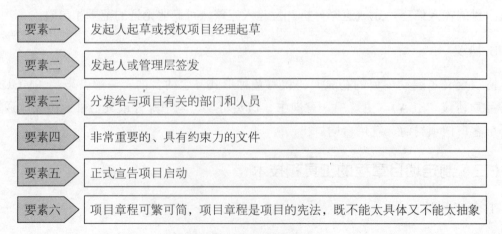

要素一	发起人起草或授权项目经理起草
要素二	发起人或管理层签发
要素三	分发给与项目有关的部门和人员
要素四	非常重要的、具有约束力的文件
要素五	正式宣告项目启动
要素六	项目章程可繁可简，项目章程是项目的宪法，既不能太具体又不能太抽象

图5-2　项目章程的要素

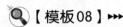【模板08】▶▶▶ ···

项目章程模板

×××项目
项目章程

项目基本信息	
项目编号	不需填写，由项目管理部负责分配填写
项目类型	☐软件系统开发类　☐标准规范制定类　☐技术设备引进类 ☐团队能力提升类　☐硬件环境建设类　☐其他
项目经理	×××
文档编写	×××人员编写
项目审批	项目管理部财务部总经理

一、项目总体描述

1.项目背景与目的

（所有的项目均起始于某个商业问题、技术问题、管理问题的解决，该部分简要描述这些问题。）

_____

_____

2.项目目标与可交付成果

（包含质量目标，工期目标、费用目标和交付产品特征等进行概略性描述。）

_____

_____

二、项目范围概述

（从项目成果数量、类型、具备的功能模块等方面进行概略性描述。）

_____

_____

三、项目里程碑计划

（包含里程碑的时间和成果。）

_____

四、项目评价标准

（说明项目成果在何种情况下将被接受。）

_____

五、项目假定与约束条件

（说明项目的主要假设条件和限制性条件。）

_____

六、项目主要利益干系人

（包括高管、职能部门主管、供应商、项目赞助人、项目经理、项目组成员等。）

姓名	类别	部门	职务

七、人力成本预算

（估算公司内部项目团队投入的工时细分及总和。）

八、项目资金预算

（包括项目差旅费、软件/硬件采购费、咨询费用、团队建设费、租赁费用、管理储备等费用的细分。）

九、项目验收方式

（简述项目验收采用的方式，如专家验收评审会的方式、试用的方式等及相应的验收标准。）

十、说明

此章程一式三份，项目经理、项目管理部和财务部各执一份。

审批签字			
项目经理	项目管理部	财务部	总经理/总监

二、识别干系人

在项目管理中，干系人的管理尤为重要。合格的项目经理往往能够很好把握管理项目干系人的项目诉求期望（范围、进度、质量、风险、沟通等），做到项目利益最大化，通过一系列工具和方法，高效捕获干系人的需求，并加以分析和制定相关的管理策略，使得项目执行过程中，得到更多支持，尽量避免或减少那些干系人不支持的影响，从而大大提高项目的成功率。

（一）项目有哪些干系人

项目面对的干系人并不限于一个，可能会面对多个。不同的干系人、不同的干系群体会对项目的成功具有不同的（或相互抵触的）项目需求和衡量标准。对绝大多数的项目来说，其干系人可以分为各种类别，他们都希望能够通过项目的实施来实现自身的利益。最常见的干系人如图5-3所示。

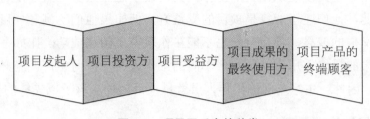

图5-3　项目干系人的种类

1.项目发起人

项目发起人是指那些项目经理需要为之提交项目阶段性报告的人。项目发起人是推动项目进展的人，也是项目经理在项目客户方接触到的高层人员。项目发起人既可以是项目的受益方，也可以不是项目的受益方，但他们通常会对项目完成的最终结果负有责任。他们会对项目经理的工作提出指导意见，并以主要客户的身份对项目日常工作提出意见和建议。项目经理与项目发起人的关系是双重性的：一方面，发起人会对项目经理的工作给出指导意见和建议；另一方面，他们也是能够为项目经理提供帮助的可靠资源。

2.项目投资方

项目投资方是指为项目提供资金的人。通常，项目投资方就是项目发起人，但有时两者并不属于同一方。在这种情况下，项目投资方对项目的最终成果可能并不会表现出太大的兴趣。例如，项目的主要负责人有可能是客户方的财务负责人。项目经理需要与该财务负责人保持密切联系，因为他可能随时切断项目的资金来源，但无疑他可能对项目进展的具体情况没有太大的兴趣。比如在新生产线建设项目中，财务负责人最关心的是项目花费了多少资金以及项目何时能够完工这样的问题，而对项目每天的进展情况兴趣不大。

3.项目受益方

项目受益方是指项目完工后，能够通过项目实现收益的一方。项目受益方可能是项目发起人，也可能是与项目发起人不同的另外一些人员。尽管项目受益方在项目日常的进展中参与不多，对项目日常的进展也没有表现出太多的兴趣，但如果他们对项目最终的成果感到不满意，项目则无法获得真正的成功。比如在企业建设新生产线、提高生产

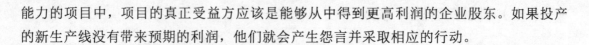

能力的项目中，项目的真正受益方应该是能够从中得到更高利润的企业股东。如果投产的新生产线没有带来预期的利润，他们就会产生怨言并采取相应的行动。

4.项目成果的最终使用方

项目成果的最终使用方是指最终使用项目交付成果的人员。对许多项目来说，项目成果的最终使用方是指该组织相关的工作人员。由于这些人员个人并没有从项目成果中得到收益，因此，他们还不能算是项目的受益方，但如果他们不满意项目的成果，或是无法使用项目交付的成果，项目自然也不能算作取得了圆满成功。比如在新生产建设项目中，项目成果的最终使用方就是生产车间的工作人员。任何生产设施必须适应相关人员的操作使用，因此，生产车间的工作人员就是项目经理应该予以关注的客户方。

5.项目产品的终端顾客

终端顾客是指项目生产出来的产品所针对的最终用户。例如，如果是向连锁超市生产新产品这样一个全新的项目，那么，从项目的角度看，在项目的整个生命周期内，连锁超市就成为该项目的客户方。但是，超市采购新产品的目的是向其顾客——项目产品的终端顾客进行销售。那么，这些终端顾客值得关注吗？一般来说，在项目的日常进展中，这些终端顾客并不需要单独给予额外的关注，但他们确实对项目总体的成功起着至关重要的作用：如果终端顾客不喜欢超市推出的新产品，他们就不会购买，项目也会随之陷入失败。因此，项目经理必须理解终端顾客的观点和需求，这可以通过直接手段加以了解，也可以通过营销部门等专业机构以间接的途径加以了解。

6.其他利益相关者

除上述项目的直接利益相关者之外，还有一些个人和组织与项目之间有或多或少的利益关系。比如政府的有关部门、社区公众、项目用户、新闻媒体、市场中潜在的竞争对手和合作伙伴等，甚至项目团队成员的家属也应被视为项目的利益相关者。不同的利益相关者对项目有不同的期望和需求，他们关注的目标和重点常常相去甚远。

（二）识别、分析项目干系人

第一步，识别全部潜在项目干系人及其相关信息，如他们的角色、部门、利润、知识、期望和影响力。关键干系人通常很容易识别，包括所有受项目结果影响的决策者和管理者，如项目发起人、项目经理和主要客户。通常可对已识别的干系人进行访谈，来识别其他干系人，扩充干系人名单，直至列出全部潜在干系人。

第二步，分析每个干系人可能的影响或支持，如表5-1所示，并把他们分类，以便制定管理策略。在干系人很多的情况下，就必须对关键干系人进行排序，以便有效分配精力，来了解和管理关键干系人的期望。

表5-1　干系人分析

项目名称：		制表日期：	
姓名或角色	兴趣	影响	态度

第三步，评估关键干系人对不同情况可能做出的反应或应对，以便策划如何对他们施加影响，获得他们的支持，减轻他们的潜在负面影响。干系人的影响及应对策略如表5-2所示。

表5-2　干系人的影响及应对策略

类别	定义	应对策略
影响大、支持强	项目发起人应该属于这一类别	项目经理可以通过这类人员取得相应的项目资源和支持。否则，项目就会困难重重
影响大，支持弱	这是指那些对项目持有反对意见、实力强大的人员	项目经理必须作出积极的行动，对其实施有效管理。项目经理需要仔细思考，自己应该怎样做才能赢得他们的支持。如果无法做到这点，就需要采取有效措施，化解他们的抵制行为
影响小，支持强	这是指那些支持项目工作，但对项目成果没有实质影响的人	项目经理可以通过这类人员，帮助自己完成项目的相关工作
影响小，支持弱	这是指那些反对项目工作，但对项目成果没有实质影响的人	常规做法要求项目经理把握如何说服他们，改变他们的反对立场。当这类人员的影响增强时，项目经理就需要对其实施相应管理，否则，项目经理可以对其不加理睬

第四步，给干系人登记造册。

干系人登记册包含项目干系人的详细信息，并概述其在项目中的角色和对项目风险的态度；可用于确定项目风险管理的角色和职责，以及为项目设定风险临界值。干系人登记册是识别相关方过程的主要输出。它记录关于已识别干系人的信息。

（1）身份信息：姓名、组织职位、地点、联系方式，以及在项目中扮演的角色。

（2）评估信息：主要需求、期望、影响项目成果的潜力，以及干系人最能冲击的项目生命周期阶段。

（3）干系人分类：用内部或外部，作用、影响、权力或利益，上级、下级、外围或横向，或者项目经理选择的其他分类模型来进行分类，进行分类的结果如表5-3所示。

表5-3　干系人登记表

姓名	职位	项目角色	基本需要和期望	在项目中的利益程度（H，M，L）	对项目的影响程度（H，M，L）	最密切相关阶段	内部或外部	支持中立反对	地点	管理策略

注：H，high（高）；M，medium（中）；L，low（低）。

（三）规划干系人管理

规划干系人管理是指基于干系人的需求、利益及对项目成功的潜在影响的分析，制定合适的管理策略，以有效调动干系人参与整个项目生命周期的过程。此过程为项目干系人的互动提供清晰且可操作的计划，以支持项目利益。规划干系人管理是一个反复过程，应由项目经理定期开展。

1. 对干系人参与度评估

项目经理首先应该对干系人参与度进行评估，具体的评估方法如下。

（1）专家判断。为了创建干系人管理计划，项目经理应该向受过专门培训、具有专业知识或深入了解组织内部关系的小组或个人寻求专家判断和专业意见。

（2）会议。项目经理应该与相关专家及项目团队举行会议，以确定所有干系人应有的参与程度。这些信息可以用来准备干系人管理计划。

在整个项目生命周期中，干系人的参与对项目的成功至关重要。干系人的参与程度可以分为如图5-4所示的类型。

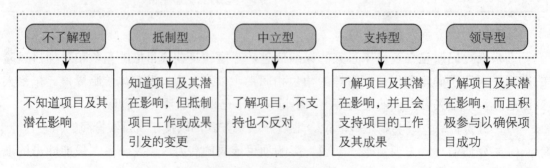

图5-4　干系人的类型

项目经理可在干系人参与评估矩阵（表5-4）中记录干系人的当前参与程度。项目团队应该基于可获取的信息，确定项目当前阶段所需要的干系人参与程度，通过分析，识别出当前参与程度与所需参与程度。

表5-4　干系人参与评估矩阵示例

干系人	干系人不知晓	抵制	中立	支持	领导
干系人1	C			D	
干系人2			C	D	
干系人3				DC	

注：C表示当前参与程度；D表示所需参与程度。

通过分析，干系人3处于所需参与程度，而对于干系人1和2，则需要做进一步沟通，采取进一步行动，使他们达到参与程度。

2.辨识主要干系人

评判干系人对项目的影响，辨识主要干系人，根据每个干系人的当前与期望参与水平的差距，开展适当级别的沟通，精准引导干系人参与项目。

3.确定干系人管理策略

干系人管理有四象限应对策略，如图5-5所示。

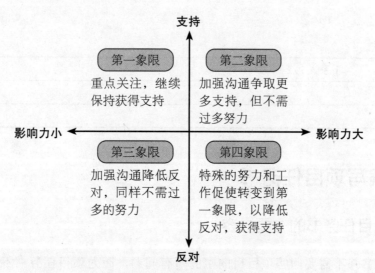

图5-5　四象限应对策略

4.制订干系人参与计划

干系人参与计划是项目管理计划的组成部分。它确定用于促进干系人有效参与决策

和执行策略和行动。基于项目的需要和相关方的期望，干系人参与计划可以是正式或非正式的，非常详细或高度概括的。干系人参与计划包括但不限于调动个人或干系人参与特定策略或方法。干系人参与计划如表5-5所示。

表5-5　干系人参与计划

项目名称：　　　　　　　　　　　　　　　　　　　　　　　　　　制表日期：

干系人	不了解型	抵制型	中立型	支持型	领导型

C为当前参与水平　　　　　　　D为期望参与水平

悬而未决干系人的变化

干系人关系

干系人参与方法

干系人	方法

三、编写项目任务书

（一）项目任务书的主要内容

项目任务书并不需要回答项目目的中的所有问题，因为项目任务书不是项目可行性研究报告的替代品。项目任务书一般包含9个方面的要点：

（1）可测量的项目目标和相关的成功标准；

（2）项目的总体要求；

（3）概括性的项目描述；

（4）项目的主要风险；

（5）总体里程碑进度计划；

（6）总体预算；

（7）项目审批要求；

（8）委派的项目经理及其职责和职权；

（9）发起人或者其他批准项目任务书的人员的姓名和职权。

（二）项目任务书的4W2H思考法

在编制项目任务书时可以运用4W2H思考法，如图5-6所示。

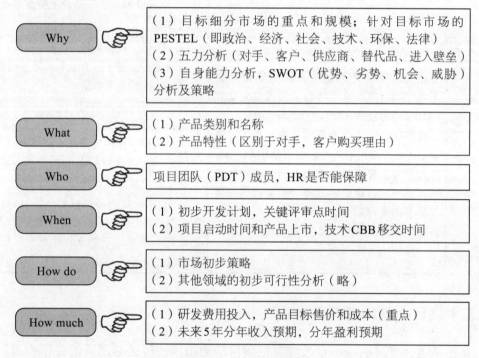

| Why | （1）目标细分市场的重点和规模；针对目标市场的PESTEL（即政治、经济、社会、技术、环保、法律）
（2）五力分析（对手、客户、供应商、替代品、进入壁垒）
（3）自身能力分析，SWOT（优势、劣势、机会、威胁）分析及策略 |

| What | （1）产品类别和名称
（2）产品特性（区别于对手，客户购买理由） |

| Who | 项目团队（PDT）成员，HR是否能保障 |

| When | （1）初步开发计划，关键评审点时间
（2）项目启动时间和产品上市，技术CBB移交时间 |

| How do | （1）市场初步策略
（2）其他领域的初步可行性分析（略） |

| How much | （1）研发费用投入，产品目标售价和成本（重点）
（2）未来5年分年收入预期，分年盈利预期 |

图5-6　4W2H思考法

四、召开项目启动会议

良好的开端是成功的一半，项目启动会议是一个项目的开始，其对于项目的顺利开展非常重要。

（一）项目启动会议的分类

项目启动会议分内部和外部启动会议，如表5-6所示。

表 5-6 项目内部和外部启动会议说明

会议类别	定义及目的	会议主要内容
项目内部启动会议	定义：项目内部启动会议指在公司或部门内部召开的会议 目的：让项目团队成员对该项目的整体情况和各自的工作职责有一个清晰的认识和了解，为日后协同开展工作做准备；同时获得领导及相关部门对项目资源的承诺和保障	（1）项目的建设背景 （2）项目主要干系人信息 （3）项目的基本需求 （4）项目的总体规划 （5）项目团队成员及其分工 （6）项目存在的风险及应对策略和项目资源需求等 其中，"项目的总体规划""项目团队成员及其分工""项目存在的风险及应对策略""项目资源需求"是会上需要重点介绍的内容
项目外部启动会议	定义：项目外部启动会议一般由甲方主导（项目组也可视项目重要程度主动发起），通常会选择在用户方现场召开 目的：让甲乙双方项目主要干系人对该项目的整体情况有一个清晰的认识和了解，让项目各主要干系方清楚各自的职责和义务，明确项目建设的过程中相关部门所需要给予的支持和配合给予承诺，从而让各方就项目建设的相关事宜达成共识	（1）项目的建设背景 （2）项目主要干系方领导和项目负责人 （3）项目的基本需求 （4）项目的总体规划 （5）项目各主要干系方的责任和义务 （6）项目存在的风险及其应对策略 （7）项目建设过程中甲乙双方所需要给予的支持和配合等 其中，"项目的总体规划""项目各主要干系方的责任和义务""项目建设过程中甲乙双方所需要给予的支持和配合"是会上需要重点介绍的内容

（二）项目团队内部启动会议

项目团队组建好之后，项目经理要把项目结构和目的传达给团队的每一个人，这一点很重要。项目团队的第一次会议有可能是在计划开始之前举行的，也有可能是在计划执行的开始阶段举行的。如果在计划执行的开始阶段，项目团队还是比较小的，只要举行一次会议；而在执行的开始阶段，团队的规模若比较大，那么就有必要举行两次会议。

设计项目启动会议以确保它涵盖所有的重要事项，需要写一份议事日程安排。这个议事日程应包括图5-7所示的内容。

（三）项目外部启动会议议程

项目外部启动会议议程如图5-8所示。

议程一 确定项目小组的风格和一般预期

项目经理应当经常用图表来描述该项目，并且叙述此项目对于组织的重要性

议程二 使项目团队成员进行自我介绍

团队成员进行自我介绍，并说明其所拥有的有助于项目成功的专业技能

议程三 确定对工作关系的期望

项目经理要讨论团队和团队成员期望做些什么。每一个团队成员都要陈述一下其他人能从自己这里获得的期望

议程四 回顾项目的目标

项目经理要和团队一起回顾项目的目标。这些目标可能会得到扩充，这要看这些项目目标到底是固定的，还是可能会因为某种原因而发生变化

议程五 回顾企业上级领导对项目的预期

项目经理要审查企业上级领导对项目的要求，并且还要根据上级领导对项目的支持或者对项目的涉及程度，审查项目小组对上级的期望是否理解

议程六 回顾项目计划和项目的状况

项目经理要回顾项目的状况，并且讨论一下项目以前所取得的进步。这是一个确定项目团队何时开始在项目的运行中发挥作用的机会

议程七 明确项目所要面对的一些挑战（争议点、问题、风险）

项目经理要指出这些挑战，并向项目团队提出这些挑战，并且讨论应付这些挑战的对策

议程八 提出问题和回答问题阶段

对于项目团队来说，这是一个针对项目提出问题的好机会。同时，它也是澄清错误观念、消除有关误解的时候

议程九 从项目团队成员处获取其对工作的承诺

项目经理会提出这样的问题：项目团队的成员要为项目作出承诺，并要从其他参与人处获得承诺以使项目取得成功，对此团队成员是否有所保留。项目经理自己也必须分别对项目团队和项目本身作出承诺

图5-7 项目启动会议的议事程序

议程一	甲方会议主持人宣布召开启动会议，介绍与会领导和人员，介绍会议议程
议程二	甲方项目负责人介绍项目总体情况（项目立项、资金预算、项目招投标、项目建设周期）、项目中标方名称、甲方项目经理名称
议程三	乙方项目负责人介绍项目情况和项目的建设方案，同时宣告乙方项目经理名字
议程四	乙方领导发言。就本项目的建设做出工作指示，许诺项目的支撑资源，向甲方保证将按质按量完成项目建设
议程五	甲方领导发言。甲方领导重申项目重视情况，并宣布项目正式启动

图 5-8　项目外部启动会议议程

乙方项目负责人介绍项目情况和项目的建设方案时，应讲述如下内容。

（1）介绍乙方基本情况，让甲方各参与者对乙方的实力有所了解，对完成系统建设的能力充满期待。

（2）介绍项目背景，说明项目立项之前甲方存在哪些问题，进而引出现在做的工作将是为了解决××问题。

需要注意的是，介绍资料要详细列出存在哪些问题，如沟通不畅，是哪些部门/单位沟通不畅，哪些系统之间无数据或者弱数据沟通。

（3）讲述将如何去解决这些问题。例如，在部门/单位/现有业务系统之间构建一个××系统（包括系统功能介绍），完成什么样的业务串联，有什么样的意义，对于甲方现有内部管理流程、服务能力、商业价值等方面有什么样的帮助。需要注意的是，由如何解决这些问题来阐述系统建设的意义，是领导真正关心的价值点，要尽可能说明白这方面的要求。

（4）在提出了解决方案后，还应该讲述期待甲方、业务单位如何配合工作，哪些工作需要甲方、业务单位积极参与。比如需求调研工作，详细列出将去哪些单位了解组织架构、业务过程，希望部门/单位提供业务能手协助和讲解单位现有业务系统、现有业务流程；同时阐述项目总体规划、项目各主要干系方的责任和义务、项目存在的风险及应对策略（包括项目实施计划、项目开展）。

（5）介绍乙方对项目的寄语、展望。

（6）结束。

提醒您

由于项目启动会议主要是信息展示而不是讨论，一般时间都比较短，因此一些需要与会各方认可或承诺的事宜，需要在启动会议前沟通清楚，否则会严重影响启动会议的效果。另外，能否开好项目启动会议，也取决于前期准备工作是否做得充分和到位，当然启动会议文稿的组织、会议的形式、项目经理的临场表达也非常重要。

（四）项目启动之后的任务

在项目启动会议召开后，项目经理必须解决那些会对项目产生影响的问题或者形成的评论意见。如果对这些问题解答延迟或者予以回避，那么项目团队就会对此产生疑问，这将阻碍团队对其承诺义务的履行。

当项目团队并没有全体出席初始的项目启动会议，或者当团队成员因为矩阵管理结构或者其他原因发生重大变更时，就需要再召开一次会议。如果对于项目的有关信息没有充分披露，那么也需要召开第二次会议。

随着项目启动会议的召开，项目团队随后取得的进展都应该予以公布。例如，当项目启动会议先于计划阶段召开时，就应该公布计划已经完成和计划获得通过。

第二节

项目计划制订

制订计划对于获得项目承诺以及确保项目团队理解项目将要完成的工作都是至关重要的。项目计划要求项目团队成员进行合作，设计出解决问题的方法，并详细拟订项目要达到的目标。

一、什么是项目计划

项目计划是项目经理根据项目目标的规定，对项目实施工作进行的各项活动作出的周密安排。任何项目管理都是从制订项目计划开始的。项目计划是有效协调项目工作、推动项目工作顺利进行的重要工具。

项目计划的主要因素如图5-9所示。

项目计划要列出项目管理所要做的主要工作和任务清单，要回答"项目做什么"。在工作和任务清单中要清楚地描述出如下内容。

（1）项目划分的各个实施阶段。

（2）每个阶段的工作重点和任务是什么。

（3）完成本阶段工作和任务的人力、资源需求，时间期限。

（4）阶段工作和任务的成果形式。

（5）项目实施过程中对风险、疑难、其他不可预见因素等的处理机制。

（6）各任务组及开发人员之间的组织、协调关系等。

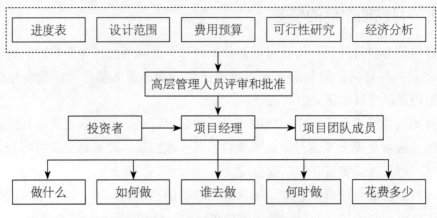

图5-9　项目计划的主要因素

二、应该制订多少个项目计划

项目计划种类如表5-7所示。

表5-7　项目计划种类

序号	计划种类	计划说明
1	工作计划	工作计划也叫实施计划，是为保证项目的顺利开展，围绕项目目标的最终实现而制订的实施方案。工作计划主要包括工作细则、工作检查及相应措施等
2	项目进度计划	项目进度计划就是根据项目实施具体的日程安排，规划整个工作进展，也被称为项目初步计划、详细计划或者整体计划和子计划等
3	人员组织计划	人员组织计划主要表明WBS图中的各项工作任务应该由谁来承担，以及各项工作间的关系如何
4	设备采购供应计划	在项目管理过程中，多数的项目都会涉及仪器设备的采购、订货等供应问题。对某些非标准设备，还要进行试验和验收等工作。如果是进口设备，还存在选货、订货和运货等环节。设备采购问题会直接影响到项目的质量及成本
5	其他资源供应计划	制订该计划需要根据设备采购供应计划，掌握设备供应、所需材料、半成品和物件等方面的信息
6	变更控制计划	由于项目的一次性特点，在项目实施过程中，经常发生计划与实际不符的情况。这是开始时预测得不够准确，在实施过程中控制不力，或缺乏必要的信息造成的
7	进度报告计划	进度报告计划可以分为进度控制计划和状态报告计划
8	财务计划	财务计划主要说明了所需要的预算细则种类、成本核算项目、对比类目、收集和处理信息的技术方法以及检查方法和解救措施等

序号	计划种类	计划说明
9	文件控制计划	文件控制计划是由一些能保证项目顺利完成的文件管理方案构成的，它阐明了文件控制方式、细则，负责建立并维护好项目文件，以供项目团队成员在项目实施期间使用。它包括文件控制的人力组织结构和控制所需的人员及物资资源数量

刚刚担任项目经理的人，负责第一个大型项目时，往往会竭力把项目所涉及的方方面面都列入自己的主计划中，这其实是一种错误的做法。最好的做法是，对项目的各个部分进行分解，拆成一个个小的任务，然后再针对各项任务制订相应的计划。这样项目经理只需要在主计划中对这些细分计划作出概述就可以了。否则，主计划洋洋洒洒列出数千条，贴到墙上是很引人注意，但一用到实践中，恐怕就没有人能够对照这一计划实施相应的管理了。此外，借助先进的计划软件，可以很容易地把各个分计划组合成一份全面的概括性计划，或是组合成一份项目群计划。

三、制订计划须掌握的信息

项目经理必须了解足够的关于组织、客户、市场等诸多的信息才能确保所设计出的项目计划不至于出现什么差错。这些必须掌握的信息如图5-10所示。

组织信息

这部分信息包括组织架构图、各部门的职能、各关键部门的经理和部分成员。成熟的组织都有流程文件，项目经理可以通过翻阅流程文件了解各个部门之间的业务依赖关系和配合方式。尤其对采购部门、质量保证部门、售后服务部门等的流程更要充分了解。项目经理还应该了解公司主要的信息系统，如材料采购、备件管理、呼叫中心、生产管理的信息系统等

市场信息

项目经理应该了解自己所处行业的市场情况，包括新产品和新技术的发布、竞争对手的情况、竞争对手的主要客户群信息。在项目的实施过程中，客户通常会把你和你的竞争对手作比较，这也将成为你的项目能否成功的关键因素

历史项目信息

项目经理在制订项目计划之前，可以查阅公司以前的项目信息，尤其需要注意的是以往项目实施过程中出现的问题记录和解决方法；即使公司没有完备的数据库，也可以通过与参与项目的人员交谈，了解更多公司以前项目的情况

图5-10　制订计划须掌握的信息

四、制订项目计划的基本程序

制订项目计划的基本程序如图5-11所示。

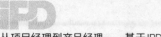
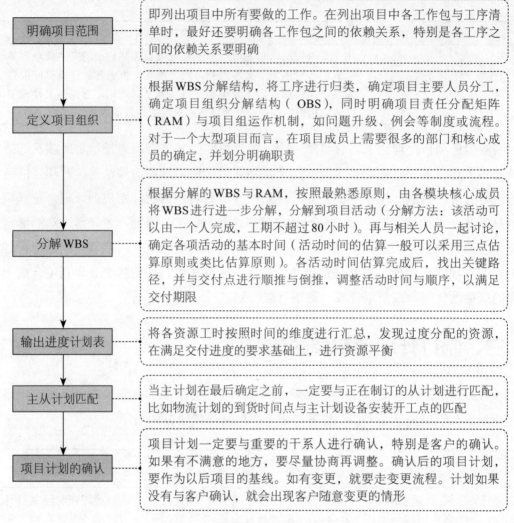

图 5-11　制订项目计划的基本程序

五、项目计划的细化程序

一般而言，项目计划应该包括三个重要的要素，即任务、进度和资源。计划的详细程度取决于对这三项的考虑，项目越紧计划就应该越细。做计划所花费的时间，绝对不会拖延项目。计划越细项目中不确定的东西就越少，项目就越顺利，这就是我们常说的"磨刀不误砍柴工"。

针对不同层次的计划，详细程度有不同的要求：

（1）大计划应该确定中计划的任务，安排各任务实施的先后和用时的多少，以及人员组织；

（2）中计划应该确定阶段中的子任务（如编码阶段的某个模块），任务开始和结束时间，任务负责人；

（3）小计划应该确定个人进度的详细安排（日进度）。

六、项目计划制订的方法

（一）甘特图

甘特图（Gantt Chart），也叫横道图或条形图，它早在 20 世纪初期就开始得到应用和流行，主要应用于项目计划和项目进度的安排。

（二）里程碑法

里程碑是完成阶段性工作的标志，不同类型的项目里程碑不同。里程碑在项目管理中具有重要意义，在此举一个例子说明：

情况一，你让一个程序员一周内编写一个模块，前 3 天他可能都挺悠闲，后 2 天就得拼命加班编程序了，而到周末时又发现系统有错误和有的地方有遗漏，必须修改和返工，于是周末又得加班了。

情况二，周一你与程序员一起列出所有需求，并请业务人员评审，这时就可能及时发现错误和遗漏。

里程碑法是一种简单的进度计划，表示主要可交付成果的计划开始和完成时间及关键的外部界面。

（三）网络图法

网络图由许多互相关联的活动组成，用来表明工作顺序和流程，以及各种工作间的相互关系。网络图法是一种在项目计划工作中很有用的方法，通过它，项目团队成员会看到自己的工作任务、工号、责任，该做什么、什么时候做、接着做什么工序，自己的失误会给全局带来什么影响等。

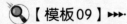 【模板 09】 ▶▶▶ ....

项目计划模板

A. 项目信息

提供项目名称、客户名称、项目经理以及项目发起人姓名等与项目相关的一般信息。

项目名称		客户名称	
项目经理		文件起草人	
项目发起人		日期	

请回答如下问题并做出选择				
这是更新后的项目计划吗？如果是，更新的原因是：			是	否
项目的年度预算是否提供？如果是，每年度是多少？				
预算额：	年度：	资金到位了吗？	是	否
预算额：	年度：	资金到位了吗？	是	否
预算额：	年度：	资金到位了吗？	是	否

项目关系人名单

列出项目执行过程中涉及的相关人员的信息。

职务	姓名	电话	E-mail
项目经理			
项目发起人			
技术总负责人			
采购负责人			
项目小组成员			
项目小组成员			
项目小组成员			
项目小组成员			
项目小组成员			
项目小组成员			
项目小组成员			
客户代表			
其他利益相关者			

供应商/分承包商信息

公司名称：

职务	姓名	电话	E-mail
项目经理			
技术负责人			
合同管理者			
其他人			

B.项目概述

提供关于项目需要解决的问题、项目的工作任务、项目目标、项目管理采用的方法等的信息。

业务需求/难题

定义需要满足的业务需求或需要解决的业务难题

工作描述

详细描述需要完成的工作任务

项目目标

提供项目的工期、成本、质量性能以及工作范围方面的要求

项目管理方法

描述项目管理采用的战略、遵循的流程以及使用的工具等信息

C.技术要求

提供关于项目的技术参数、性能指标、设计要求、实施规范以及技术方面的培训计划等的信息。

D.相关人员签名

姓名	职务	签名	日期

E.项目计划文件汇总

检查项目计划是否包含下列文件。

□项目范围说明书

描述项目交付结果和工作范围的书面文件。

□关键的成功因素

描述关于项目管理、项目团队建设、客户关系管理等方面关键的成功因素方面的书面文件，以便得到项目小组成员的理解、接受和达成共识。

□工作分解结构（WBS）

是以项目的交付结果为导向而分解出的、表明项目具体工作任务的书面文件，它定义了整个项目的工作范围。

□组织分解结构（OBS）

提供项目沟通与汇报渠道，角色与职责以及授权等方面信息的组织机构方式。

□成本/效益分析

提供关于项目成本与收益、项目的货币价值等方面的信息，以便团队进行财务方面的分析，并作出经济决策。

□资源计划

描述执行项目需要资源方面信息的书面文件。

□项目进度计划

提供用甘特图表示的项目进度计划，包括项目的开始日期、里程碑事件、活动之间的先后逻辑关系、活动历时、交付日期等信息。

□风险管理计划

描述在项目执行过程中可能出现的所有风险事件，每个风险严重程度以及应急措施的书面文件。

□采购计划

描述为了完成项目任务，需要从项目组织以外获取的产品或服务的种类和数量的书面文件。

□质量计划

提供确保产品或服务质量的责任人，工作程序与作业指导书以及质量检验与控制的措施等书面信息。

□沟通计划

定义项目利益相关者对项目信息方面的需要，包括谁、在何时、以什么方式需要何种信息等。

□配置管理计划

提供关于定义和控制项目变更管理，文件版本以及设计变更方面的管理方式。

□项目成本估算

关于项目成本和预算的书面文件，内容包括项目的总体预算、成本估算以及额外需要的资源等。

第三节

项目执行和控制

一、建立项目控制日志

项目日志是对那些可能对项目产生影响的信息进行记录的一系列的历史记载。

项目日志是从项目的第一天就开始记录的。项目日志记录的尽管是一些非正式的行为和活动，但它对项目本身是有一定意义的。它可以被看作是记录影响项目计划、执行和控制的一系列行为的手册。

项目日志对于未来的工作也有非常重要的参考价值。虽然项目日志是一个非正式文件，但它会对接下来要采取什么样的行动提供一些参考。而且，一些问题往往会反复出现，最好用项目日志来记录它们发生的次数。

以下以一个软件项目开发为例来说明项目日志的建立与使用。

【模板10】▶▶▶ ···

项目日志模板

1.设立项目日志模板

项目名称		编号	
项目经理		日期	
项目阶段			
进展情况	□按计划进行　□超前计划　□滞后计划		
工作量	工时		
工作内容			
客户需求		回复	
1		1	
2		2	
3		3	
4		4	
5		5	

问题	
备注	
相关文档	

2.上表的"项目阶段"一栏中填写的项目阶段从下面的阶段中选择。

项目阶段	工作内容
项目范围规划	确定项目范围
	确定项目资源
	项目范围规划完成
需求分析	明确需求分析范围
	需求分析调研
	起草初步的需求分析报告
	项目组审阅需求分析报告
	修改需求分析报告
	客户认可需求分析报告
	修改项目计划
	项目组审阅项目计划
	客户认可项目计划
	分析工作完成
设计	制定功能规范
	根据功能规范开发原型
	审阅功能规范
	根据反馈修改功能规范
	设计工作完成
开发	审阅功能规范
	确定模块化分层设计参数
	分派任务给开发人员
	编写代码
	开发人员测试（初步调试）
	开发工作完成
测试	根据功能规范制订单元测试计划
	根据功能规范制订整体测试计划
	审阅模块化代码
	测试组件模块是否符合产品规范

续表

项目阶段	工作内容
测试	找出不符合产品规范的异常情况
	修改代码
	重新测试经过修改的代码
	单元测试完成
	测试模块集成情况
	找出不符合规范的异常情况
	修改代码
	重新测试经过修改的代码
	整体测试完成
培训	制定针对最终用户的培训规范
	制定针对产品技术支持人员的培训规范
	确定培训方法
	编写培训材料
	研究培训材料的可用性
	对培训材料进行最后处理
	制定培训机制
	培训材料完成
文档	制定"帮助"规范
	开发"帮助"系统
	审阅"帮助"文档
	根据反馈修改"帮助"文档
	制定用户手册规范
	编写用户手册
	审阅所有的用户文档
	根据反馈修改用户文档
	文档完成
部署	确定最终部署策略
	确定部署方法
	获得部署所需资源
	培训技术支持人员
	部署软件
	部署工作完成

续表

项目阶段	工作内容
总结	将经验教训记录存档
	编写项目总结报告
	建立软件维护小组
	总结完成

3.项目结束之后，根据项目日志，可以生成下面的总结表。

项目日志分析表			
项目名称		项目编号	
项目经理		日期	
项目开始时间		项目结束时间	
阶段	工作量	进展情况	
项目范围规划			
需求分析			
设计			
开发			
测试			
培训			
文档			
部署			
总结			

二、项目信息发布

信息发布就是指在合适的时间，通过合适的方式将合适的信息提供给合适的人。可以说，及时有效地将信息发送给所需要的人是项目沟通成功的关键。沟通方式、信息检索系统、信息发布系统是信息分发过程中常用的工具和方法，如图5-12所示。在信息发布之前，还要确定信息发布（沟通）的责任人、时间、方式方法、渠道、使用权限、技术手段和反馈的方法等。

信息发布的结果主要有三种，如图5-13所示。

沟通方式  沟通技能用于交换信息。发送者要保证信息内容清晰明确、完整无缺、不模棱两可，以便让接收者能正确接收，并确认理解无误。接收者的责任是保证信息接收完整无缺，信息理解正确无误。沟通过程有多种方式：
（1）书面与口头，听与说。
（2）对内（在项目内）与对外（对客户、媒体、公众等）。
（3）正式（如报告、情况介绍会等）与非正式（备忘录、即兴谈话等）。
（4）垂直（上下级之间）与水平（同级之间）

信息检索系统 信息可由项目团队成员与利害关系者通过多种方式共享，包括手工归档系统、电子数据库、项目管理软件以及可调用工程图纸、设计要求、实验计划等技术文件的系统

信息发布系统 项目信息可以用多种方式分发，包括项目会议、硬拷贝文件分发、联网电子数据库调用共享、传真、电子邮件、语音信箱留言、可视电话会议以及项目内联网

图 5-12　信息分发过程中常用的工具和方法

项目记录 项目记录可包含函件、备忘录以及描述项目的文件。这些信息应尽可能地以适当方式有条理地加以保存。项目团队成员也往往在项目笔记本中保留个人记录

项目报告 关于项目状况或问题的正式报告

项目介绍演示 项目团队正式或非正式地向所有项目利害关系者提供信息。这些信息要切合听众需要，介绍演示的方法要恰当

图 5-13　信息发布的结果

三、项目报告机制

（一）执行报告的过程

执行报告是一个收集和传播项目绩效信息的动态过程。执行报告包括收集和发布执行信息，从而向项目涉及人提供为达到项目目标如何使用资源的信息。这样的过程如图 5-14 所示。

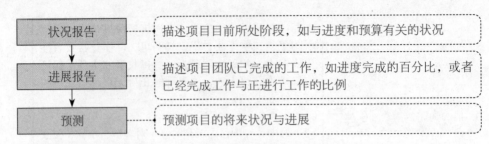

图 5-14　执行报告的过程

（二）执行报告的依据

执行报告的依据如表 5-8 所示。

表 5-8　执行报告的依据

序号	依据	说明
1	项目计划	项目计划包括用于项目绩效评估的各项基准
2	工作结果	工作结果——哪些可交付成果已全部或部分完成，哪些成本（或资源）已经动用或已经作出承诺等——指项目计划执行的产出。工作结果应在沟通管理计划所规定的范围内报告。只有准确、一致的工作结果信息才能对执行报告发挥作用
3	其他项目记录	包括评价项目绩效时应当考虑的有关项目环境的信息

（三）执行报告的方法

执行报告一般应提供关于范围、进度计划、成本和质量的信息。要做好执行报告，就必须选择合理的执行报告的工具和技术（绩效审查、偏差分析、趋势分析、实现价值分析，如图 5-15 所示），使执行报告与项目的实际情况最接近。

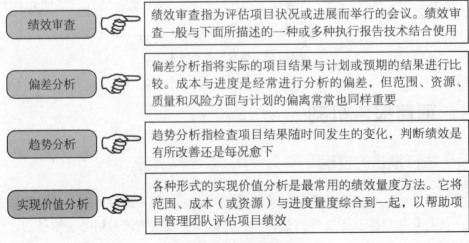

图 5-15　执行报告的方法

（四）执行报告的结果

执行报告的结果主要包括状态报告、进度报告、项目预测和变更请求，如图5-16所示。

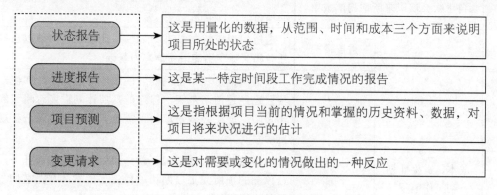

状态报告	→	这是用量化的数据，从范围、时间和成本三个方面来说明项目所处的状态
进度报告	→	这是某一特定时间段工作完成情况的报告
项目预测	→	这是指根据项目当前的情况和掌握的历史资料、数据，对项目将来状况进行的估计
变更请求	→	这是对需要或变化的情况做出的一种反应

图5-16　执行报告的结果

四、召开项目会议

会议是促进团队建设和强化团队成员的期望、重要性以及对项目目标投入的工具。

（一）项目会议的类型

项目管理沟通中有三种最常用的项目会议。

1.情况评审会议

情况评审会议的基本目的是通知情况、找出问题和制订行动方案。

（1）参加人员。项目情况评审会议通常由项目经理主持或召集，会议成员一般包括全部或部分项目团队成员，以及客户和项目团队的高级管理人员。

（2）召开时机或频率。项目情况评审会议应该定期召开，以便早日发现目前的问题和潜在的问题，防止危及项目目标实现的意外情况发生。例如，项目情况评审会议在项目团队中可以每周召开一次，与客户进行的项目情况评审会议的周期可以长一些，如每月一次或每季度一次，这完全根据项目的工期和合同要求而定。

（3）会议主题。每次项目情况评审会议需要讨论的主题如表5-9所示。

2.问题解决会议

当项目团队成员发现目前的问题或潜在问题时，应立即与有关人员召开一个问题解决会议，而不是等到情况评审会议上解决。在项目开始时，对于由谁、在什么时候召开问题解决会议以及实施纠正措施所需权限的大小等问题，项目经理和项目团队应当设立准则。

表 5-9　项目情况评审会议讨论的主题

序号	主题			说明
1	自上次会议以来所取得的成果			明确已实现的关键项目"里程碑",并检查以前会议活动细目的执行情况
2	成本、进度计划和工作范围		进展情况	进展情况应该与基准计划加以比较,且必须以已完成任务和实际支出的最新信息为基础
3			趋势	项目执行过程中要明确好的或不好的趋势,即使一个项目已经超前了几天,但是前几周计划进度忽略了的事实表明,现在必须采取纠正措施,以免项目无法在规定日期完成
4			预测	根据目前的进展情况、趋势和要完成的项目任务,检查预测的项目完工日期和项目完工成本,并把它们与项目目标和基准计划进行比较
5			差异	明确有关项目工作和项目任务的成本和进度的实际进展与计划进展的所有差异。这些变化可能是正面的,如提前完成计划,也可能是负面的,如已超出了完成工作所给定的预算金额。负面差异有助于准确地找出目前的问题和潜在的问题。应特别注意一些负面差异正进一步扩大的项目
6	纠正措施			在某些情况下,找出目前的问题和潜在问题的纠正措施是在情况评审会议上产生的。例如,获得客户或管理人员的批准,继续购买某种原材料;获得加班授权,以便使项目赶上进度。还有一些情况则要求单独召开解决问题会议,由有关的项目团队成员提出纠正措施
7	改进的机会			这应该与问题及相应的纠正措施一同确定。例如,项目团队的成员指出,使用另一种材料或设备也可以满足技术指标,而这种材料或设备实际上比原计划要用的那种便宜;或者团队成员建议,通过采用现有的计算机软件或稍加改动,而不是开发全新的计算机软件,可以节省大量时间
8	行动细目分配			具体行动细目应予确立并分配给具体的团队成员。对于每一项行动细目,必须注明负责人及预计的完工日期。完工期应当由行动细目的负责人进行估计。因为开会时,一旦作出了承诺,就要竭尽全力地按时完成

3.技术设计评审会议

技术设计评审会议包括设计阶段的项目,如信息系统项目,需要数次技术设计评审会议,以确保客户同意或批准项目承包商提出的设计方案。大多数技术性项目一般采取两种设计评审会议,如图 5-17 所示。

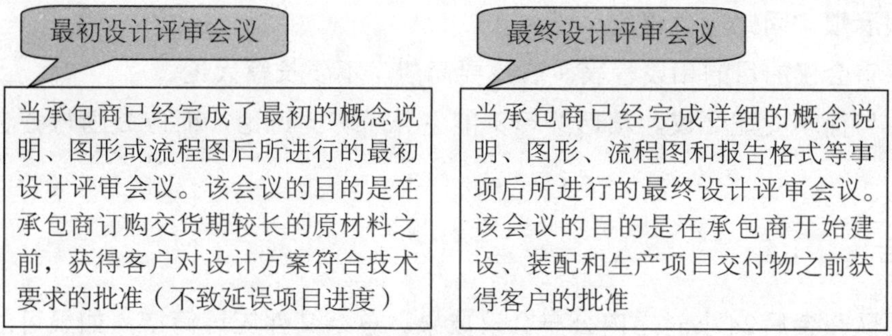

最初设计评审会议

当承包商已经完成了最初的概念说明、图形或流程图后所进行的最初设计评审会议。该会议的目的是在承包商订购交货期较长的原材料之前，获得客户对设计方案符合技术要求的批准（不致延误项目进度）

最终设计评审会议

当承包商已经完成详细的概念说明、图形、流程图和报告格式等事项后所进行的最终设计评审会议。该会议的目的是在承包商开始建设、装配和生产项目交付物之前获得客户的批准

图 5-17　设计评审会议的种类

（二）有效地召开会议

在会前、会中和会后，召集或主持会议的人可以采取多种措施以确保会议是有效的。

1. 会前

（1）确定会议是否真正必要，或者另一种方式如电话会议是否更适合一些。

（2）确定会议的目的。例如，该会议是为了交流信息、计划、收集情况或意见、制定决策、解决问题，还是为了评估项目进展情况。

（3）确定谁需要参加会议，说明会议目的。参加会议的人数应是能达到会议目的的最少人数。受邀参加会议的人应该知道为什么邀请他们参加。

（4）事先将会议议程表分发给与会者。议程表的内容应包括：会议目的、主题（各项细目应按其重要性大小列出，以确保最重要的细目提前进行）、每个主题的时间分配及谁将负责该主题、发言或主持讨论。

（5）准备直观教具或要分发的材料。图形、表格、图解、图片和实体模型都是有效的直观教具，这些材料常常使讨论集中于一点，防止产生误解。

（6）安排会议室。会议室应足够大，不会让人们感到拥挤或不舒服。座位布置必须使所有与会者都能看到屏幕，促进其参与讨论。选用的直观教具和附件（投影仪、屏幕、录像机、翻转图表、黑板）都应放在会议室内，并在会前对这些设备的工作状况进行检查。如果会议时间很长，还可备些点心。例如，为了使会议讨论在工作午餐之后继续进行，可以提供盒饭。

2. 会议期间

（1）按时开会。会议按时召开，人们就会养成按时到达的习惯，以避免在会议进行中因迟到打断会议的尴尬。

（2）指定记录员。必须指定人员（最好在会议前）做记录。记录应该简明扼要，能够概括决议、行动细目、任务分派和预计完工日期。过于详细的会议记录在记录和以后查阅时都很麻烦，因此应当避免。

（3）评审会议的目的和议程表。表述要简洁，不要长篇大论。

（4）主持而不支配会议。项目经理不能主导所有的讨论，而应鼓励与会者积极参与讨论。

3. 会后

项目团队在会后24小时之内公布会议成果。总结文件应该简洁，如果可能，尽量打印在一张纸上。总结文件应该明确所作的决定，并列出行动细目，包括谁负责、预计完工日期和预期的交付成果；同时可以列出参加和缺席的人员。

项目团队应将会议成果分发给所有被邀请参加会议的人员，不管是否到会。

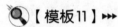 【模板11】▶▶▶ ···

项目会议纪要

A. 项目信息

提供关于项目名称、客户名称、项目经理以及项目发起人姓名等方面的一般信息。

项目名称		客户名称	
项目经理		文件起草人	
项目发起人		日期	

B. 通知信息

描述会议通知的发起人、被通知者以及会议时间等方面的信息。

致：	发自：	日期：

C. 会议信息

描述会议的召集者、时间、地点、目的等方面的信息。

日期：	开始时间：	结束时间：	地点：
召集者：	电话：	传真：	电子邮件：
发起者：	电话：	传真：	电子邮件：
会议目的：			

D. 会议议程

描述会议的主要议题、主要发言者以及时间安排等方面的信息。

会议内容	主持者	时间安排
欢迎和情况介绍		
会议目的		
项目计划执行中出现的问题		
合同执行方面的问题		
客户方面的反馈		
其他需要讨论的问题		
项目经理的特别补充		
总结		

E. 会议纪要

记录会议的主要精神、达成的协议以及下一步的行动计划等方面的信息。

....

🔍【模板12】▶▶▶ ....

项目阶段性评审报告

一、项目信息

提供关于项目名称、客户名称、项目经理以及项目发起人姓名等方面的一般信息。

项目名称：_____　　客户名称：_____

项目经理：_____　　文件起草人：_____

项目发起人：_____　　日期：_____

二、项目阶段性评审报告

从完成项目的进度、成本、质量、团队管理、客户关系等方面进行评价。

评审阶段：自　　　　　　　　　至
自上次评审以来的主要成就
项目实施的当前状态
上次评审提出问题解决情况

当前出现或预见可能出现的问题
解决这些问题的方案有哪些？计划采取的措施是什么
下次评审预计实现的里程碑有哪些
项目经理的意见
签名：

五、项目进度的追踪与监控

进度控制主要是监督进度的执行状况，及时发现和纠正偏差、错误。在控制中要考虑影响项目进度变化的因素、项目进度变更对其他部分的影响因素、进度表变更时应采取的实际措施。

（一）建立有效的风险防范计划

有效的风险防范计划可以降低不确定性因素对项目工期的影响，保证项目的顺利进展。风险防范的工作可以包含图5-18所示的几个方面。

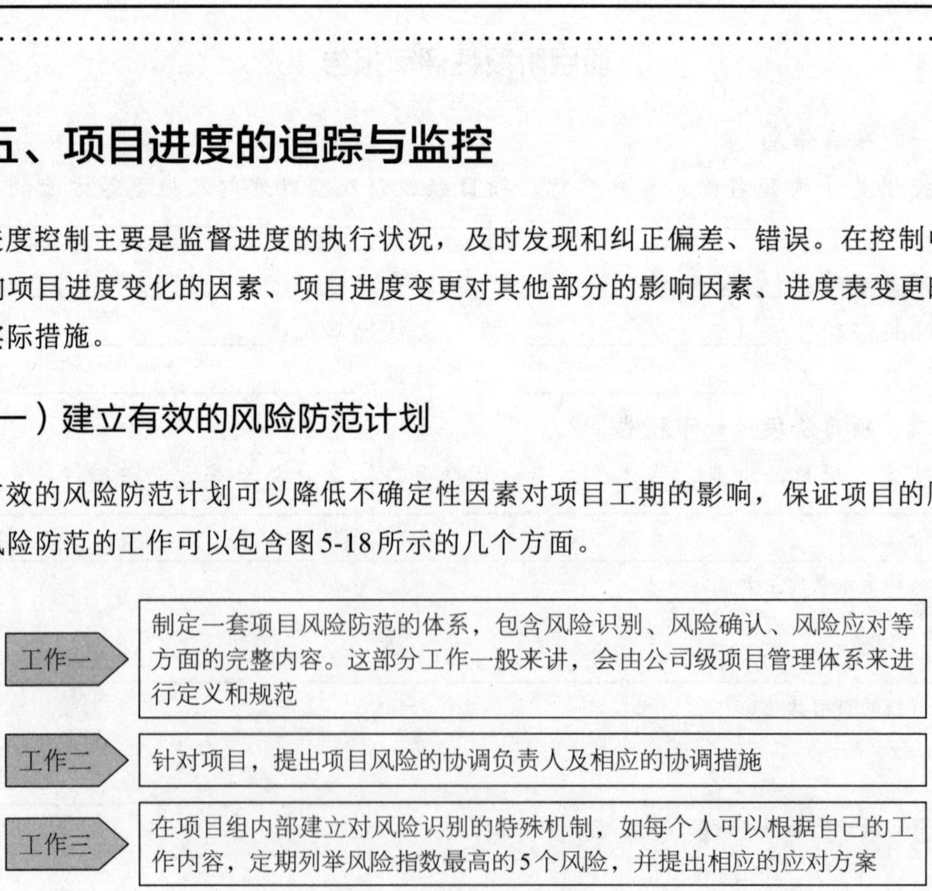

工作一	制定一套项目风险防范的体系，包含风险识别、风险确认、风险应对等方面的完整内容。这部分工作一般来讲，会由公司级项目管理体系来进行定义和规范
工作二	针对项目，提出项目风险的协调负责人及相应的协调措施
工作三	在项目组内部建立对风险识别的特殊机制，如每个人可以根据自己的工作内容，定期列举风险指数最高的5个风险，并提出相应的应对方案

图5-18　风险防范的工作

（二）建立良好的项目组内部及项目干系人之间的沟通管理制度

沟通是掌握各方信息，进行项目决策和项目协调的基础。实现有效进度控制对于沟通的要求，主要强调图5-19所示的几点。

1 及时与项目的客户进行沟通，了解其对于项目的特殊进度要求，以实行对工作任务的特殊处理

2 对于需要项目组之外的资源进行配合的工作，及时通过有效的沟通途径提交给相关人员，以提早准备好配合的工作，免得影响项目的进展

3 充分发挥项目组成员的作用，使之参与到问题解决当中来，如项目偏差的处理，风险的预防等

4 定期举办项目进展的沟通会议，了解各成员的任务执行情况，通报项目的整体进展情况

图5-19　沟通的要求

（三）开展进度检查，并针对偏差采取对策

在进度控制当中，进度检查是最重要和最关键的工作，如果不能了解项目实际进展情况，也就很难说执行什么进度控制了。

进度检查可以定期进行或不定期进行，其要求如图5-20所示。

进度检查工作可以分为四个步骤执行，如图5-21所示。

定期进度检查 ☞ 定期执行的进度检查是指在预定的检查周期内执行的检查工作。检查周期由项目组根据项目的实际情况来预先确定，可以为月、半月、周、半周、日等时间阶段。对于时间跨度比较大的项目，周期可以相对长一些。例如，工期超过两年的项目，检查周期可以定为1个月；工期在3个月左右的项目，检查周期可以定为1周。对于管理水平较高、资源能力较强、实施较成熟的项目，检查周期可以适当地长一些，反之亦然。建议检查周期应该以不高于工期的5%～10%为宜，检查工期不超过1个月，根据工作汇报机制的惯例，对于普通项目检查工期可以定为1周

不定期进度检查 ☞ 不定期的进度检查可以在关键任务或里程碑任务的计划完成时间内进行，一般不定期的任务检查有一定的针对性和目的性

图5-20　进度检查的分类

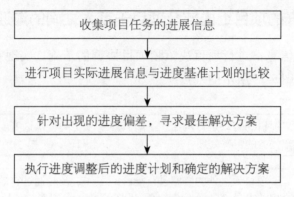

图 5-21　进度检查的步骤

1. 收集项目任务的进展信息

收集项目的进展信息是进度控制的基础，通过各种方式收集项目的进展信息，作为执行下一步工作的依据。主要的工作方法有两种：进度汇报和进度查验，如图 5-22 所示。

图 5-22　收集进展信息的方法

为了获得准确的项目进展信息，项目经理必须将两种方法有效地结合使用。需要收集的项目进展信息包括表 5-10 所示的两个方面。

表 5-10　需要收集的项目进展信息

序号	类别	信息说明
1	任务执行状况	任务的实际开始和结束时间，当前任务完成的程度等
2	变更信息	范围变更、资源变更等诸多与项目进度相关联的变更内容

2. 进行项目实际进展信息与进度基准计划的比较

项目经理应将收集到的项目实际进展信息与项目的进度基准计划进行比较，看是否出现了进度偏差。如果没有偏差，进度检查到此结束，否则执行下一步工作。

3. 针对出现的进度偏差，寻求最佳解决方案

如果出现了进度偏差，项目经理应针对这些偏差进行分析和研究，发现其中的问

题。如果需要解决问题，则针对问题寻找解决方案；如果需要进度计划的调整，则修改进度计划。

项目实施过程中出现进度偏差是在所难免的，实施进度控制就要求能对偏差进行有效的控制，提出相应的解决方案，使之有利于项目的进展。进度偏差的解决方案如表5-11所示。

表5-11　进度偏差的解决方案

方法	适用条件	不利之处
增加资源	有可调用的资源，加入资源对项目进展有明显作用	增加了成本，加大了沟通和任务安排上的难度，有时难以见效
加班赶工	具有加班的条件	增加成本，可能会降低资源的工作效率，引发副作用
快速跟进	关键路径上的后续活动，受延期活动的影响不很大时	可能会造成项目返工
协调解决问题	由于协调原因或配合方的工作不力而造成了任务延期	无法解决现有的延期问题，因此需要和其他方法结合使用
提高资源工作能力，改进资源工作方法	延期的原因是资源工作能力不足或工作方法不佳	可能效果不是立即见效
调整进度计划，压缩后续关键路径工作的工期	在该任务延期比较严重，难以通过压缩该任务来追赶项目进度时	对后续工作的控制和实施工作要求较高
优化项目进度计划	原先制订的项目进度计划不合理	对项目的整体工作可能会产生影响
缩小项目范围、降低项目质量的要求	项目进度要求比范围和质量要求更高，缩小项目范围、降低项目质量不会产生对项目后果较严重的影响	对项目的质量产生不良的影响

4.执行进度调整后的进度计划和确定的解决方案

项目经理应根据偏差的处理决定，执行解决方案，调整项目进度计划。如果需要的话，通知项目干系人。当进度偏差比较大时，项目经理需要考虑缩小检查周期，以便更好地监督纠正措施的效果，保障项目的如期完成。

（四）预见性的发现和解决项目实施中的问题

在项目的实施过程中，项目的进度延期实际上有很多的苗头可以预见性地去发现，项目经理在发现后就可以及时采取对策进行问题的解决，以有效地保障项目的顺利进行。预见性发现问题的方法（解决的方法）如表5-12所示。

表5-12　预见性发现问题的方法

问题	预见性发现 问题的方法（解决的方法）
配合方工作不力	在项目的需要配合的工作启动前，提早采取各种沟通方式去督促、提醒配合方实施配合的工作
工作任务延期	在检查工作时，不能仅仅检查是否完成，还要对正在执行的关键任务分析已完成工作的比重，以判断能否按期完成工作任务
工作目标和工作任务不明确	检查项目成员对其负责的工作任务和相关的工作任务的了解情况，来发现其是否明确自己的和团队的工作目标和工作任务
项目成员的工作能力不定，工作方法不佳	检查项目成员是否具备完成任务所需的工作能力，工作方法是否有效
项目成员的士气低落	通过正面和侧面了解项目组成员的工作积极性

（五）项目进度报告

项目进度报告是项目经理在项目进展到一定阶段时所制作的，用于总结前一时期项目进展中成功经验和失败教训的控制性文案。项目进度报告应包括以下几方面的内容：

（1）项目概况；

（2）项目进展情况；

（3）存在的问题；

（4）对存在问题的处理与解决措施。

项目进度报告的编写原则如表5-13所示。

表5-13　项目进度报告的编写原则

编写原则	简要说明
报告要简明	报告简明才会有更多被阅读的机会，并且可节约时间、人力和物力
报告内容和形式要保持一致	报告尽量使用短句和易于理解的语言，应根据报告内容选择报告的模式和语言，书面报告应易读、易于理解
要多采用图表进行表达	图表是项目管理的工程语言，图表易于说明问题，并且直观、易于理解
报告对象和方式要一致	报告的内容和对象不同，报告采取的方式也不尽相同

（六）运用项目管理软件

目前，项目管理软件正被广泛地应用于项目管理工作中，尤其是它清晰的表达方式，在项目时间管理上更显得方便、灵活、高效。在管理软件中输入活动列表、估算的活动工期、活动之间的逻辑关系、参与活动的人力资源、成本，项目管理软件可以自动进行数学计算、平衡资源分配、成本计算，并可迅速地解决进度交叉问题，也可以打印显示出进度表。项目管理软件除具备项目进度制定功能外还具有较强的项目执行记录、跟踪项目计划、实际完成情况记录的能力，并能及时给出实际和潜在的影响分析。

六、项目执行之变更管理

项目变更管理是指项目组织为适应项目运行过程中与项目相关的各种因素的变化，保证项目目标的实现而对项目计划进行相应的部分变更或全部变更，并按变更后的要求组织项目实施的过程。简单地说，就是因为临时出现的项目风险，影响了项目预定的计划，而不得不做出项目计划调整。

（一）项目变更原因

项目变更因多种变化而存在，其形式也多种多样，但主要的有以下几种。

（1）项目范围变更。政治因素、法律因素和技术因素等多种因素都会影响项目范围，而且这种影响在一定条件下是无法抗拒的。

（2）项目进度变更。

（3）费用预算变更。

（4）项目合同变更。项目合同变更通常是指由于一定的法律事实而改变合同和标的内容的法律行为。在项目合同变更时，当事人必须协商一致，这将会使合同的内容和标的，亦即使项目发生变更。合同变更的法律后果将产生新的权利和义务关系。

（5）项目人力资源的变更。

（二）项目变更管理的内容

项目变更管理的目的是以一种对项目影响最小的方式改变现状。它包括以下主要工作内容。

1.了解变化

在项目实施过程中，项目组织要经常关注与项目相关的主客观因素，及时发现和把握变化，认真分析变化的性质，确定变化的影响，适时进行变化描述。

2.进行变更处理

当变化了的各种因素影响到了项目的顺利实施时，项目组织必须及时进行计划变更，以确保项目目标的实现。项目计划的变更应征得项目主体的同意，项目组织还应及时向其反馈变更及变更执行情况。

3. 监控变更合理性

变更处理总是根据项目实施的客观需要进行，但并不是每次变更都是合理的。

（三）项目变更管理流程

变更管理流程是成功交付项目的基础。变更管理流程确保对项目环境中的每个变更在实施以前都得以恰当的定义、评估和审批。图5-23对将要执行的变更过程和程序做了一个概述，以有效地管理与项目相关的变更，同时也明确变更管理中的职责分工。

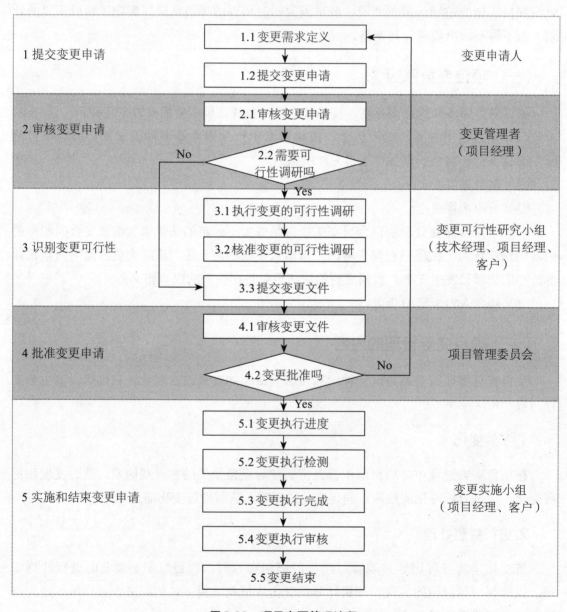

图5-23　项目变更管理流程

1. 提交变更申请

本步骤中项目各方都可以提交项目变更申请，需要完成以下工作：

（1）变更申请人识别项目中任何方面的变更需求（如项目范围、软件需求、项目计划、组织结构等）；

（2）变更申请人填写变更管理表中变更申请栏，并将其交给项目经理。

2. 审核变更申请

授权项目经理对变更申请表进行初审，以决定是否需要一份充分的可行性研究报告以供项目管理委员会评估变更可能带来的影响。做出上述决定的基本依据是：

（1）提交的可选择变更数目；

（2）申请变更可选性的复杂程度；

（3）提出的变更解决方案的衡量。

3. 识别变更可行性

本步骤涉及变更的可行性识别，完成填写变更管理表中变更可行性说明栏，以确保对所有的变更可选项进行调查并上报，变更可行性研究包括对变更需求、变更可选项、变更成本及利益、变更风险及事项、变更带来的影响、变更的建议和计划的定义。项目经理将整理所有变更文件并报项目管理委员会做最终审核，这些文件包括：

（1）原始的变更申请表；

（2）已通过的变更可行性研究报告；

（3）所有支持性文件。

4. 批准变更申请

本步骤涉及项目管理委员会对变更申请的正式审核，填写变更管理表中变更审批意见、变更审批人签字。决定是否变更的标准大致为实施变更给项目带来的风险、不实施变更给项目带来的风险、实施变更对项目产生的影响（时间、资源、财务、质量方面）等。项目管理委员会可能做出下列任何一种结论：

（1）拒绝变更；

（2）要求与变更相关的更多信息；

（3）批准变更申请；

（4）在特定条件下批准变更。

5. 实施和结束变更申请

本步骤涉及对变更的全面实施，包括：

（1）确定变更进度（如实施变更的日期）；

（2）实施前对变更进行测试；

（3）实施变更；

（4）对实施变更的成功度进行审核；

（5）就实施变更的成功度进行沟通；

（6）在变更日志中结束变更。

（四）变更管理表

变更管理表是一份综合的表，包括变更申请、变更可研说明、变更审批意见、变更审批人签字。变更申请栏中可以填写问题现象及其产生原因，如果有其他书面说明，则可作为附件引用。

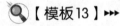【模板13】▶▶▶ ···

项目变更管理表

一、项目信息

提供关于项目名称、客户名称、项目经理以及项目发起人姓名等方面的一般信息。

项目名称		客户名称	
项目经理		计划起草人	
项目发起人		日期	

二、变更的概述

描述变更的内容、申请人以及变更的理由等方面的信息。

基准计划要求	
变更描述	
变更理由	
变更申请人（单位/职务）：	签名：

三、变更引起的修订活动

描述由于变更而引起的项目工作分解结果及其进度、成本、质量等方面的信息。

WBS	进度	成本	质量	其他
工作包				
工作包				
工作包				
工作包				
工作包				
工作包				
工作包				
其他				

四、变更影响评价

提供由于变更而对项目的进度、预算、质量、技术、范围、合同等方面产生的影响的书面信息。

对进度产生的影响
对预算产生的影响
对产品质量产生的影响
对应用技术产生的影响
对项目范围产生的影响
对合同产生的影响
对客户关系产生的影响
对其他方面产生的影响

五、项目变更控制委员会（CCB）意见

提供项目变更委员会关于项目变更的决策意见。

	批准	CCB主席签字：
	否决	

六、客户意见

提供客户关于项目变更的决策意见

	批准	签署意见并签字：
	搁置	
	否决	

第四节

研发项目收尾

项目收尾是项目生命周期的最后一个阶段，当项目的目标已经实现，或者项目阶段的所有工作均已经完成，或者虽然有些任务尚未完成，但由于某种特殊原因必须停止时，项目团队就需要做好项目的完成、收尾工作。

一、项目收尾的工作内容

项目收尾，根据美国项目管理协会（PMI）的概念，项目收尾包括合同收尾和管理收尾两部分。

（一）合同收尾

合同收尾就是和客户一项项地核对，是否完成了合同所有的要求，是否可以结束项目，也就是人们通常所讲的验收。

（二）管理收尾

管理收尾是对于内部来说的，把做好的项目文档等归档；对外宣称项目已经结束；转入维护期，把相关的产品说明转到维护组；进行经验教训总结。管理收尾包括下面提

到的按部就班的行动和活动。

（1）确认项目或者阶段已满足所有赞助者、客户，以及其他项目干系人需求的行动和活动。

（2）确认已满足项目阶段或者整个项目的完成标准，或者确认项目阶段或者整个项目的退出标准的行动和活动。

（3）当需要时，把项目产品或者服务转移到下一个阶段，或者移交到生产和／或运作的行动和活动。

（4）活动需要收集项目或者项目阶段记录、检查项目成功或者失败、收集教训、归档项目信息，以方便组织未来的项目管理。

二、项目收尾的目标

项目收尾要达到的目标有（项目参与方不同，目标会有所不同）：

（1）项目产品经过试运行并正式投入使用；

（2）顺利完成项目交接；

（3）达到预定的利润目标；

（4）审计和总结；

（5）绩效考核；

（6）奖励和庆祝；

（7）项目团队解散。

三、项目收尾的工作步骤

项目收尾通常有图5-24所示的三个关键步骤。

图5-24 项目收尾的工作步骤

（一）准备收尾报告

当收尾一个项目的时候，项目经理应该：

（1）检查业务项目（包括项目目标范围）的状态和完整性，更改问题日志、最近的进度报告以及所有涉及早期取消项目的文件。

（2）与团队一起起草一份项目收尾的草案，包括项目正式运行后审查（PIR）的职权范围。项目收尾报告格式如下。

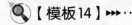

【模板14】▶▶▶ ···

项目收尾报告

第一部分 业务目标

重述项目目标，包括自签署后的任何已被批准的更改。如果有任何更改，说明其原因。

第二部分 收尾声明

按以下方式之一说明收尾的环境：

（1）项目成功完成；

（2）项目提前终止。

如果是后一种情况，则描述终止的原因并预测当前恢复的可能性。

第三部分 收益计算

重述项目将获得的收益，这些收益是如何计算的，以及谁对收益的计算负责。其包括：说明当前业务计划或预测是否能反映项目收益；计算收益的指定的测量审查日期。

第四部分 重要风险、问题和交付件

列举任何尚未接受的问题或者关键交付，对每一个提供：

（1）问题或者风险的性质或未接受的原因；

（2）谁同意对此负责；

（3）建议的解决方案，包括日期。

第五部分 项目效率

说明实际成本和消耗的资源以及与计划相比达到的实际进度。

第六部分 经验教训

指项目效率和项目团队的经验。例如，遇到的重大问题、战略的变化、说明××应能够做得更好：

（1）确认时间、资金或者资源应能够更好被利用的领域；

（2）为将来的项目推荐行动方向，帮助查找已经发现的无效率情况；

（3）确认运转良好的内容并推荐对其他项目将来可能有用的方法、程序、流程和工具技术。

第七部分 致谢

感谢所有对项目做出特别贡献的人员。

续表

附件　正式运行后审查（PIR）的职权范围
PIR常常被用来界定项目正式运转以后的客户满意度调查，以及对项目交付件效率的衡量。其包括：谁负责组织和主持；何时进行；有哪些职能领域和需要参与的关联人。

（二）召开收尾会议

1.与会人员

收尾会议的参加人员有：项目发起人、项目经理、项目管理组成员、主要项目团队成员、负责签署关键交付件的上级职能或程序经理、将接受解决重大问题责任的上级职能或程序经理、将接受任何重大问题的相关项目的项目经理。

2.收尾会议议程

收尾会议议程为：交付成果→重大问题→收益以及业务计划→正式运行后的审查→致谢→正式收尾→总结经验教训。

（三）进行收尾检查

项目经理应对项目的收尾工作事项安排做一个检查，具体的检查内容如表5-14所示的收尾检查清单。

表5-14　收尾检查清单

交付件检查		结果
1	所有的项目交付件成果已经被批准并移交给使用部门了吗？	
2	就重大交付件成果的责任已经达成一致了吗？	
问题		结果
1	所有问题都已经解决了吗？	
2	每个重大问题的所有权已经被用户或者其他项目组中的一个指定的人接受了吗？	
业务计划与预测		结果
1	职能部门和业务部门已经更新计划了，将与项目相关的运作资源、成本、利润纳入考虑范围了吗？	
2	业务计划已经更新了或者即将更新吗？	
3	已经指定了控制和测量项目的收益的责任人吗？	
4	测量项目收益的检查点已经得到定义了吗？	

续表

项目正式运行后审查（PIR）		结果
1	已经决定作 PIR 吗？	
2	已经对时间和 PIR 的职责范围达成一致了吗？	
3	已经对谁负责 PIR 实施达成一致了吗？	
团队和关联人		结果
1	所有需要知道项目收尾的人已经接到通知了吗？	
2	团队所有的成员都已经分派到其他活动中了吗？	
3	有关项目的团队评价已经做完了吗？	
4	对那些应该特别感谢的人致谢了吗？	
项目文件		结果
1	所有关于项目的文档都已经被制作成文件、归档并做成参考文献了吗？	
设备设施		结果
1	所有的设备（办公桌、硬件、办公室等）都已经发放了吗？	
2	所有为项目输出或订立合同而预约的设备已经被取消了吗？	
账目和其他		结果
1	项目账户已经收尾，以使得进一步的支出不再记入项目账户了吗？	
2	公司或职能业务部门的其他项目跟踪系统和记录簿已经更新了吗？	

四、项目结束后的评估和审计

（一）项目评估

项目结束后评估是对项目和项目的所有工作加以客观的评价。好的项目评估对未来项目的改进很重要。项目评估的内容包括盈利要求、客户满意度要求、后续项目指标要求和内部满意度要求。

（二）项目审计

项目的审计应由项目经理部门与财务部门共同进行，对已经列出的支出和收入进行财务审计，对不合理的收入和支出加以分析，为改进项目的管理服务。

第六章
产品上市管理

　　产品上市是指通过制订产品发布策略与计划，按计划有序完成产品发布所需要的各项准备活动和交付件，并选择最佳途径和形式，向公司内部和外界正式公布产品包及 GA（General Availability）日期，是产品成功上市的一系列活动和交付件的总称。

第一节
产品上市前市场测试

新产品市场测试是对新产品正式上市前做的最后一次测试，并且该次测试的评价者是消费者。只有将新产品投放到有代表性的目标市场进行测试，企业才能真正了解该新产品的市场前景。市场测试是对新产品的全面检验，可为新产品的正式上市提供全面、系统的决策依据，也可为新产品的改进和市场营销策略的完善提供参考意见。

一、新产品市场测试的步骤

新产品市场测试的步骤如图6-1所示。

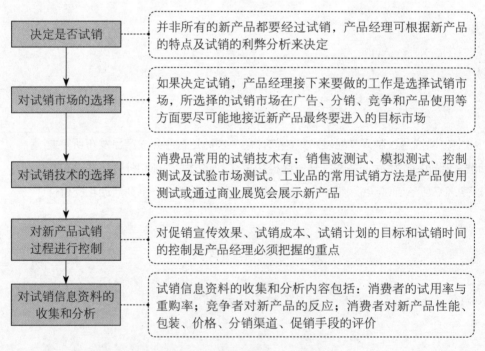

图6-1 新产品市场测试的步骤

二、消费品市场测试

消费品市场测试主要靠四个变量：试用情况、首次重购、采用和购买频率。在测试时，产品经理应该知道哪些经销商在经营该产品，他们承诺给该产品何种货架位置。消费品市场测试的主要方法有以下三种。

（一）销售波研究

销售波研究能帮助产品经理估计在市场上存在竞品的条件下消费者的重复购买率，主要步骤如图6-2所示。

第一步	免费提供产品给消费者试用
第二步	以低价再次提供该产品或竞品
第三步	这样重复提供该产品3～5次（销售波），密切注意有多少消费者再次选择本公司的产品以及他们的满意度如何

图6-2　销售波研究的步骤

（二）模拟测试

这种方法可以测量试用率，根据相关数学模型分析测试结果，企业可预测最终的销售水平，主要步骤如图6-3所示。

第一步	找30～40名购物者（在购物中心或其他地点），邀请他们观看简短的商业广告电视片，将公司要推出的新产品广告片混入其中
第二步	给每个人分发少量的代金券并邀请他们到一个商店购买任何物品
第三步	关注有多少消费者购买了该新产品，有多少消费者购买了竞争品牌的同类产品
第四步	询问消费者选择购买或不买该产品的理由
第五步	一段时间后，通过电话向消费者了解使用情况、满意度和再购买意图，同时说明公司将为他们的再次购买提供优惠

图6-3　模拟测试的步骤

（三）控制测试

这种研究需要企业与商店合作，商店负责经销新产品。控制测试可以帮助企业了解店内因素对消费者购买行为的影响，以及在没有消费者参加的情况下广告对消费者购买行为的影响，主要步骤如图6-4所示。

选定商店

依照预定的计划把该产品交给参与的商店

确定货架位置、商店数量、促销活动等

通过货架的动态反应和销售记录了解销售结果

用抽样调查的方法选取一部分消费者，询问他们对产品的印象

图6-4　控制测试的步骤

（四）试销市场测试

选定少数具有代表性的测试市场，采用向全国市场推销的类似方法，展开全面的推广和促销活动。公司的销售队伍把该产品推销给中间经销商，并争取货架陈列的机会。

测试的主要过程如图6-5所示。

第一步　确定测试的城市数量

测试的城市一般选择2～6个。当运用的竞争策略较多、地区的差异较大或市场测试被竞争者干扰的可能性较大时，应考虑在更多的城市进行测试

第二步　确定测试城市的特征标准

测试城市的标准为：行业种类多、媒体覆盖面广、合作连锁店众多、竞争程度适中、没有出现过度测试的迹象

第三步　确定测试的期限

测试的期限从几个月到几年不等。产品的平均重购期越长，观察重购率所需的测试期就越长

第四步　根据信息的价值和成本确定收集哪些类别的信息

仓库发货资料能显示总的库存购买量；店面统计数据能反映实际零售额和竞争者的市场份额；通过消费者调查小组能了解消费者的购买情况以及他们对产品的忠诚度；通过消费者调查能得到有关消费者态度、使用感受和满意度方面的详细信息

图6-5　测试的主要过程

如果市场测试显示出较高的试用率和重购率，就表明该新产品可以继续进行开发；如果市场测试显示出较高的试用率和较低的重购率，就表明顾客对产品不满意，该产品应改进设计；如果市场测试显示出较低的试用率和较高的重购率，说明产品是令人满意的，但应让更多的消费者知道它，这意味着要增加广告宣传等活动；如果试用率和重购率都较低，则应考虑将该产品舍弃。

三、工业品市场测试

进行工业品市场测试主要是为了了解该产品在实际操作条件下的性能和影响购买的关键因素，以及不同的消费者对不同的价格和销售方法的反应。工业品市场测试的主要方法如下。

（一）用户测试

这种做法一般能指明一些未预料到的有关安全和维护的问题，并提供有关用户服务的需求。测试的主要过程如下：

（1）选择一些愿意参与测试的潜在用户；

（2）让技术人员观察这些用户是怎样使用该产品的；

（3）请用户表明购买意图和其他反应。

（二）在贸易展览会推介新产品

贸易展览会能够吸引大量的消费者，采用这种方法的目的是寻找和考察新产品，观察消费者对新产品的兴趣，了解消费者对新产品各种特点及价格的反应，了解购买动机或统计订了货的消费者数量。其缺点是把产品暴露给了竞争者。

（三）在分销商和经销商的陈列室中测试

制造商可以把自己的产品放到分销商和经销商的陈列室进行测试，获得在正常销售氛围下消费者对该产品的偏好信息。

（四）使用控制或测试营销的方法

制造商生产一定数量的产品，提供给销售队伍在限定的地区销售，并给予促销资助，如印刷产品目录单等。通过这种方法，产品经理能够获知在全面营销活动下消费者的反应、产品的受欢迎程度及其他可能发生的情况，做出有助于推出产品的决策。

四、互联网产品用户测试

用户测试就是让用户在执行任务的过程中，发现产品设计的不足，并为产品优化提供依据的一种方法。

根据目的的不同，用户测试可以用于定性地发现问题，也可以用于定量地比较两个竞品的优劣。

（一）第一阶段：测试前的准备

1.编写测试脚本

测试脚本主要是指用户测试的提纲，如界面、注册、发日志等。

2.用户招募+体验室的预定

进行一场用户测试一般需要6～8人，根据具体情况可以酌情增减人数。

（1）产品经理要选择合适的目标用户，也就是用户测试对象，如年龄、男女比例等须符合测试要求。

（2）根据测试目的的不同，产品经理要选择合适的新手用户、普通用户或者高级用户。

> **提醒您**
>
> 在用户招募困难或者时间紧急等情况下，如果只是为了发现产品中存在哪些可用性问题，降低选择用户的标准也是一种可行的方式，如让公司内部员工充当用户等。

（二）第二阶段：进行测试

（1）向用户介绍测试目的、测试时间、测试流程及测试规则。

（2）与用户签署保密协议，填写用户基本信息表，如表6-1所示。

表6-1　用户基本信息表

用户	性别	年龄	职业	专业	使用经验

（3）让用户执行任务：给用户营造一种氛围，让用户假定在真实的环境下使用产品，并让用户在执行任务的过程中，尽可能地说出自己使用产品的想法和感受。

（4）收集用户反馈：针对用户在执行任务的过程中的疑惑进行用户访谈。

（5）致谢。

（三）第三阶段：测试后总结

（1）测试后需要撰写测试报告，并通过会议将测试结果与相关人员分享。

（2）观察人员之间要即时沟通，确定特殊的可用性问题与一般的可用性问题，并汇总成简要的测试报告，以抛出问题为主，不要提过多的建议。

（3）报告确认后，召开会议，将测试结果与产品经理、交互设计人员、页面制作人员、开发人员、测试人员分享。

（4）确定产品在发布前需要进行优化的具体问题并将问题分类，确定解决问题的关键人。例如，在重新设计时，产品开发人员可直接在原有基础上修改等。

第二节
产品上市全方位评估

一、自身的产品评估

自身的产品评估包括图6-6所示的几方面内容。

内容一	产品能否满足市场需求，有没有闭门造车的"嫌疑"
内容二	产品的定位是否合理。它的战略使命是什么，是形象产品，还是利润产品，抑或是规模分摊成本产品？它在企业产品群中的地位如何，扮演什么样的角色
内容三	产品的资源匹配度如何，即新产品推广，资源配置是否到位，渠道是否匹配，推广费用、宣传费用是否充足

图6-6 自身的产品评估内容

在对以上几点进行合理的评估和检核后，新产品上市就有了基础和相应准备，从而能够让企业一鼓作气进行推广，让新产品火起来。

二、对市场进行客观评估

无论多么完美的新产品，如果被推到了一个功能缺失的市场，推广工作也难免会栽跟头。有些企业的新产品在上市后，往往不顾市场的实际情况，盲目进行硬性推广，最后带来很多遗留问题，让企业很"受伤"。

正确的做法应该是对市场进行客观评估，具体的评估内容如图6-7所示。

> 内容一 ▷ **评估该市场的潜力**
>
> 有潜力的市场更容易让新产品的推广取得成功，人口基数小、经济水平低、消费能力弱的市场，很难让一些高品质、高价位的新产品得到顺利推广

> 内容二 ▷ **市场资源是否遭到破坏**
>
> 市场基础好的区域更容易成功推广新产品，那种"夹生"市场往往会让新产品的推广"胎死腹中"。因此，在推广新产品前，一定要寻找那些成熟或相对成熟的市场，这样的市场由于品牌认知度高、网络资源好，新产品更容易切入市场、融入市场

> 内容三 ▷ **市场能否被打造为样板市场、明星市场**
>
> 再也没有比样板市场的打造更有说服力的了，在新产品上市前，一定要选择那些能够被顺利打造成样板市场的区域进行推广，因为一旦成功启动这样的市场，推广工作往往可以势如破竹，快速让新产品的销量获得突破

图6-7 对市场客观评估的内容

三、对经销商进行评估

新产品能否得到顺利且成功的推广，经销商可以说是至关重要的一环。经销商的能力、观念、经营侧重点不同，很多新产品的推广往往不是由于产品原因失败的，更多的时候是因经销商而失败的。因此，厂家要想更好地推广新产品，就要有针对性地对经销商进行有效评估和选择，具体如图6-8所示。

四、对营销团队进行评估

新产品上市前需要做的最后一个评估就是对营销团队的评估。很多新产品的推广，往往不是败在竞争对手上，而是败在了自己人手上，这个自己人就是指企业的营销团队成员。因此，在推广新产品前，一定要对自己的营销团队进行充分评估，评估的内容如图6-9所示。

经销商的经营能力

有些经销商推广新产品不是自己不积极，而是"心有余而力不足"，他们也想更好地推广新产品，但由于自己的网络资源、资金、运输能力、人力等方面的不足，不能为新产品上市更好地造势、借势，从而更好地予以推广。因此，选择有实力、网络资源好的经销商对新产品的推广尤其重要

经销商的经营重点

评估经销商会把企业的新产品放在什么样的市场地位，清楚在其所代理的产品群里的占比情况。只有那些把新产品推广当成第一要务的经销商，才能更好地把新产品推向市场，从而让新产品"一鸣惊人"

经销商的经营理念

一些经销商，尤其是一些从计划经济时代走过来的经销商，还残存着陈旧的经营理念，抗拒新产品的思想尤其严重，所以在选择新产品经销商时，要避开这些保守的经销商，尽量找思路超前、思想活跃的经销商，从而为新产品找到一个好的"婆家"

图6-8　对经销商评估的内容

是否具备成功推广新产品的经验，是否具备新产品推广的战略眼光，有没有投机钻营思想？推广新产品经验丰富，做事有计划、有步骤、有长远眼光的营销团队，可以让新产品的推广如虎添翼

营销团队考核是否科学。新产品推广是否纳入薪酬或绩效考核？在团队新产品激励方面是否存在缺陷？在新产品推广中是否存在"软抵抗"？是否存在出工不出力、出力没效率的现象

团队是否有冲劲。有激情、豪情满怀的营销团队，可以让新产品的推广锐不可当，能够快速让新产品在市场上火起来

团队成员优势互补情况。团队成员里是否有足够多的善于开发市场的"骑手"，有没有善于运作市场的"操盘手"？一支有共同的愿景、能力互补的营销团队，更容易让产品一马当先，获得快速的成功推广

图6-9　对营销团队评估的内容

第三节

制订新产品上市计划

在新产品商业化阶段的营销运作过程中，产品经理应在以下几方面慎重决策：何时推出新产品；在何地推出新产品；如何推出新产品。产品经理必须制订详细的新产品上市营销计划，内容包括营销组合策略、营销预算、营销活动的组织和控制等。

一、确认是否将产品商品化

通过市场测试，产品经理可获得更多的市场信息，与公司管理层共同决定是否推出新产品、是否将其商品化。

对于新面世的产品，应为其确定一个好的品牌名称，对其进行包装，此时应注意以下事项。

（1）产品名称。

（2）商标注册的条件。在各个国家，商标注册都有各自的要求，产品经理可以查阅不同国家的商标法。通常情况下，商标注册的条件为：注册的目的不能是不道德的或带有欺骗性的；商标的名称不能是对某类产品过于细节性的描述；不能与已使用的商标相同。

（3）确定新产品的包装。新产品的包装应满足以下功能：识别功能、便利功能、美化功能、想象与联想功能。在对新产品进行包装时可采取类似包装、配套包装、再使用包装、附赠品包装等策略，使新产品的包装设计满足促销性、工艺性、时尚性、独特性等基本要求。

（4）选择进入方式。在商品化的过程中，新产品进入市场的时机非常关键。与竞品相比，可选择三种进入时机，具体如图 6-10 所示。

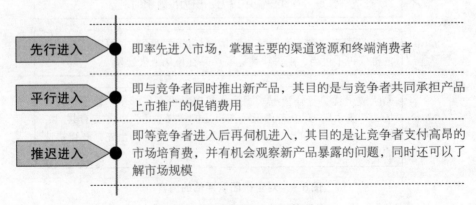

先行进入 即率先进入市场，掌握主要的渠道资源和终端消费者

平行进入 即与竞争者同时推出新产品，其目的是与竞争者共同承担产品上市推广的促销费用

推迟进入 即等竞争者进入后再伺机进入，其目的是让竞争者支付高昂的市场培育费，并有机会观察新产品暴露的问题，同时还可以了解市场规模

图 6-10　新产品进入市场的时机

二、制定新产品上市计划表

新产品上市的准备工作牵涉面广，需要各方按时完成分内工作，因此，产品经理需要制定准确的上市计划表并严格执行。新产品上市计划表如以下模板所示。

【模板15】 ▶▶▶ ··

新产品上市计划表

项目	序号	工作内容	具体内容	任务目标要求	责任部门	完成时间
测试阶段	1	新产品试制				
	2	竞争产品上市策略调查				
	3	新产品市场测试定点的选择				
计划阶段	1	上市计划提请核准				
	2	新产品上市最终确认				
广告促销准备阶段	1	广告完成				
	2	广告促销品的制作				
	3	促销活动的确认				
进店准备	1	新产品进店的前期准备				
批量生产	1	批量生产所需原材料到位确认				
	2	批量生产				
	3	大众媒体投放				
投放市场	1	广告宣传品、促销品运送市场				
	2	产品运送市场一线				
执行	1	执行产品上市计划				
	2	竞争产品上市策略调查				
	3	竞争产品卖点分析				
	4	上市工作问题反馈调查				
	5	产品市场调查分析				
价格	1	价格波段分析				

三、制订新产品营销计划

对于不同行业的企业，新产品营销计划的差异很大。以下新产品营销计划模板仅供参考。

【模板 16】▶▶ ···

新产品营销计划

一、引言

1. 新产品名称——未注册的品牌或商标

2. 目标市场及细分市场之间的区分

3. 计划的有效期限

4. 参与编制计划的人员

二、形势分析

1. 市场描述

（1）用户及其他市场参与者

（2）购买产品的过程

（3）竞争者：直接的竞争和间接的竞争

（4）竞争战略：预测的生命周期阶段

（5）总体市场及相应细分市场的市场占有率

① 销售数量/销售金额

② 促销活动

③ 利润

（6）有效的分销渠道

（7）外部环境的关键因素

2. 新产品描述，包括产品性能、用户反应、包装、竞品的资料等

三、机会和问题概述

1. 市场在开发中的主要机会

2. 市场在开发中需要解决的主要问题

四、战略

1. 总体指导战略说明——关键目标和个体目标的主要内容，包括数量和质量标准

2.市场细分和产品定位

3.总体营销方向

（1）产品的总体作用，包括产品计划的变动

（2）广告的总体作用

（3）个人推销的总体作用

（4）其他手段的总体作用，如贸易展销会和商品示范等

（5）批发商与零售商的总体作用

（6）价格政策及详细说明，包括折扣、协议及计划变动

（7）非市场营销部门的作用

五、经济概述

1.销售数量预测（对某一时期某种产品而言）

2.销售额预测

3.各种活动的费用预算

4.间接费用与利润贡献、预计收入

5.风险说明

6.说明需要的或计划的资金投入及随后的现金流

六、战术计划

1.战术1，如广告

2.战术2，如个人推销

3.其他战术，依次为分销、定价、产品改进、商标、包装、专门促销、公共关系、技术指导、担保等

4.列出所有即将开发的有创造意义的战术

七、控制

1.关键目标控制

2.有效降低费用的关键市场条件

3.信息收集的顺序和预算

（1）内部的

（2）外部的

八、对主要支持性活动的概述

该部分包括所有非营销部门的活动，如仓储、数据处理、技术服务、研究与开发、财务、人事和公共关系等部门的活动，在概述中应列出任务、时间和个人责任。

九、活动程序

计划期关键活动应按年月顺序排列。

确定计划的作用时效也是很常见的。短期营销计划适合生命周期短的消费品，期限只有3～4个月，而一些工业品营销计划的期限是无限制的。

四、设定渠道目标

在产品上市时必须制定详细的铺货目标并进行分解，这样不仅可使销售人员有章可循，而且可作为事后评估的标准。建议在设定目标时参照SMART法则。SMART法则指的是在制定目标的时候应该遵循的5项原则，具体如图6-11所示。

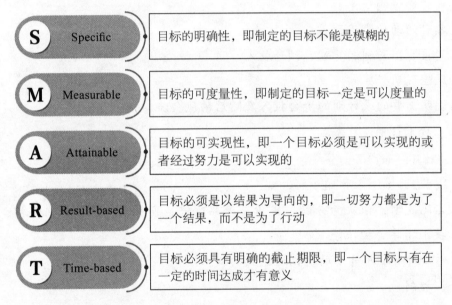

图6-11　SMART法则

五、编制分销合同

产品经理可以通过完善的分销合同加强对渠道的控制。同时，分销合同也能帮助销售人员对中间商进行开发与管理。分销合同的主要条款与以下内容相关：有效日期、分销商责任、供货条件、销售计划、产品陈列、促销安排和销售管理资源。

不同的行业，分销合同的主要条款会略有不同，产品经理应根据本公司的行业特点编制所负责产品的分销合同。

第四节
上市计划的执行与控制

一、召开上市发布会

（一）内部发布会

召开内部发布会的主要目的是让营销人员了解产品知识、铺货目标，更重要的是鼓舞全体营销人员的士气。内部发布会的内容如下：

（1）公司为何推出此产品；

（2）新产品的特点与主要利益诉求点；

（3）新产品的目标消费对象；

（4）新产品的主要竞争品牌；

（5）新产品的铺货目标。

（二）主要用户发布会

产品经理可以邀请主要用户的采购人员参加，目的是借此宣传新产品的特点与销售展望，最好能让他们当场下订单。这种对外的发布会一般选择在市区的大饭店，发布的内容侧重在以下几点：

（1）新产品特征及主要利益诉求；

（2）目标消费群体；

（3）广告片及广告投入计划；

（4）促销支持等。

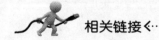 相关链接 ⟨···

如何举办新品发布会

产品发布会，也称新品发布会，简称发布会。对商界而言，举办新品发布会，是自己联络、协调与客户之间的相互关系的一种最重要的手段。新品发布会的常规形式是由某一商界单位或几个有关的商界单位出面，将有关的客户或者潜在客户邀请到一起，在特定的时间和特定的地点举行一次会议，宣布一款新产品。对于企业来说，新品发布会的流程制定非常重要，因为企业新品发布会关系着未来的销售，所以产品发布会的预备、过程和事后处理都非常重要。

一、企业新品上市发布会的预备

筹备新闻发布会，要做的预备工作很多，其中最重要的是要做好时机的选择、职员的安排、记者的邀请、会场的布置和材料的预备等。

1. 时机的选择

在确定新品上市发布会的时机之前，应明确两点：

（1）确定新品上市新闻发布的价值，即对此新品，要论证其是否具有专门召集记者前来予以报道的新闻价值，要选择恰当的新闻"由头"；

（2）应确认新品上市发布的最佳时机。

假如基于以上两点，确认要召开新品上市发布会的话，要选择恰当的召开时机：要避开节假日，避开本地的重大活动，避开其他单位的发布会，还要避免与新闻界的宣传报道重点相左或"撞车"。选择恰当的时机是企业新品上市发布会取得成功的保障。

2. 职员的安排

企业新品上市发布会的职员安排关键是要选好主持人和发言人。发布会的主持人应由企业的公关部长、办公室主任或秘书长担任。其基本条件是见多识广，反应灵活，语言流畅，幽默风趣，善于把握大局，引导提问和控制会场，具有丰富的主持会议的经验。

新闻发言人由本单位的主要负责人担任，除在社会上的口碑较好、与新闻界的关系融洽之外，对其基本要求是修养良好、学识渊博、思维灵敏、能言善辩、彬彬有礼。

新品上市发布会还要精选一批负责会议现场工作的礼节接待职员，一般由相貌端正、工作认真负责、善于交际应酬的年轻女性担任。值得留意的是，所有出席发布会的职员均需在会上佩戴事先统一制作的胸卡，胸卡上要写清姓名、单位、部门与职务。

3. 记者的邀请

对出席新品上市发布会的记者要事先确定其范围，具体应视题目涉及范围或事件发生的地点而定。一般情况下，与会者应是与特定事件相关的新闻界人士和相关公众代表。企业为了提升知名度、扩大影响而公布某一消息时，邀请的新闻单位通常多多益善。邀请时要尽可能地先邀请影响大、报道公正、口碑良好的新闻单位。如果事件和消息只涉及某一城市，一般就只邀请当地的新闻记者参加就可以了。

另外，确定邀请的记者后，请柬最好提前一周发出，会前还应通过电话提醒。

4. 会场的布置

新品上市发布会的地点除了可考虑在本单位或事件所在地举行，还可考虑租大宾馆、大饭店，假如希望造成全国性的影响，则可在首都或某个一线城市举行。发布会现场应条件舒适、大小合适，其周围交通便利。会议桌子最好不用长方形的，要用圆形的，大家围成一个圆圈，显得气氛和谐、主宾同等，当然这只适用于小型会议。大型会议应设主席台席位、记者席位、来宾席位等。

5. 材料的预备

在举行新品上市发布会之前，企业要事先准备以下材料。

（1）发言提纲。它是发言人在发布会上正式发言的提要，它要紧扣主题，原则是全面、正确、生动和真实。

（2）题目提纲。为了使发言人在现场正式回答提问时表现自如，可以在猜测被问的主要题目的基础上，形成问答提纲及相应答案，供发言人参考。

（3）报道提纲。事先必须精心准备一份以有关数据、图片、资料为主的报道提纲，并打印出来，在发布会上提供给新闻记者。在报道提纲上应列出本单位的名称、联系方式等，便于日后联系。

（4）形象化视听材料。这些材料供与会者利用，可增强发布会的效果。材料包括图表、照片、实物、模型、录音、录像、影片、幻灯片、光碟等。

二、新品上市发布会进行过程中的礼节

1. 做好会议签到

要做好发布会的签到工作，让记者和来宾在事先准备好的签到簿上签下自己的姓名、单位、联系方式等内容。记者及来宾签到后，按事先的安排把与会者引到会场就座。

2. 严格遵守程序

要严格遵守会议程序，主持人要充分发挥主持者和组织者的作用，公布会议的主要内容、提问范围以及会议进行的时间，一般不要超过两个小时。主持人、发言人讲话时间不宜过长，过长则会影响记者提问。对记者所提的题目应逐一回答，不可与记者发生冲突。会议主持人要始终把握会议主题，维持会场秩序，主持人和发言人会前不要单独会见记者或提供任何信息。

3. 留意相互配合

在发布会上，主持人和发言人要相互配合。为此，要明确分工、各司其职，不可越俎代庖。在发布会进行期间，主持人和发言人通常要保持一致的口径。当新闻记者提出的某些题目过于尖锐难以回答时，主持人要想方设法地转移话题，不要使发言者难堪。而当主持人邀请某位记者提问之后，发言人一般要给予对方适当的回答，否则对那位新闻记者和主持人都是不礼貌的。

4. 态度真诚、主动

发布会自始至终都要留意接待记者的态度，因为接待记者的水平直接关系到新闻媒体发布消息的成败。记者希望接待的职员对其尊重、热情，并了解其所在的新闻媒体及其作品等；还希望接待的职员提供工作之便，如一条有发布价值的消息，一个有利于拍到照片的角度。

三、新品上市发布会的善后事宜

发布会举行完毕后，企业应在一定的时间内，对其进行一次认真的评估善后工作，主要包括以下内容。

1. 整理会议资料

整理会议资料有助于全面评估发布会的会议效果，为今后举行类似会议提供借鉴。发布会后要尽快整理会议记录材料，对发布会的组织、布置、主持和回答题目等方面的工作进行回顾和总结，从中汲取经验，找出不足。

2. 收集各方反馈

首先，要收集与会者对会议的总体反馈，检查在接待、安排、服务等方面的工作是否有欠妥之处，以便今后改进。其次，要收集新闻界的反馈，了解与会的新闻界人士有多少人为此次新闻发布会发表了文章，并对其进行分类分析，找出舆论倾向，同时检查各种报道，若出现不利于本企业的报道，应做出良好的应对。若发现不正确或歪曲事实的报道，应立即采取行动，说明真相；假如是自己失误所造成的，应通过新闻机构表示谦虚接受的态度并致歉，以挽回声誉。

二、执行上市工作：给予支持和支援

人们通常把产品被宣布正式上市当作上市活动的最高潮，事实上这只是个开始。执行上市工作需要将试销计划逐一落实，包括为新产品争取知名度、铺货、让顾客尝试购买等，因此产品经理需要训练并激励负责的相关人员。

此外，产品经理还要确定所有产品及沟通议题都已经被充分考虑，包括内部和外部的。同时，检查受订和支援系统是否都已准备就绪，是否足以支持产品上市后的订货需求。如果你还没有完成上述事项，赶快和销售管理、人力资源及其他相关部门讨论，并准备上市所需的培训课程。

（一）内部培训

新产品培训的对象除了销售人员，还包括用户服务、技术支持及其他负责与用户接洽的工作人员，他们的工作都有可能影响新产品推广的成败，虽然这些工作人员可能不需要拥有类似如何销售的信息，但他们应该知道这个产品对公司的重要性，谁将给顾客提供哪一类的帮助，以及如何回答预期中的问题。

新产品培训的目的是让现场销售人员熟悉产品，为销售新产品做好充足的准备。

新产品培训最常见的问题在于训练内容往往偏向于产品能做些什么，而不是产品如何使用户获益，具体建议如图6-12所示。

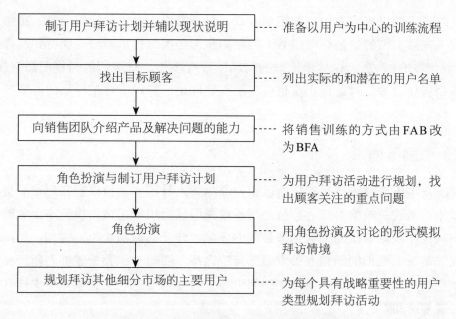

图6-12　避免产品展示型的训练管理步骤

　　如前所述，销售人员需要了解用户需求，需要知道产品如何使用户得到益处。销售人员需要切实地了解以下问题：新产品希望解决或改善用户现在碰到的哪些问题？有哪些改进或变动是被期待的？用户有多殷切地盼望带来这些改变？他们如何客观地判断你的产品？是否能够提供所期望的结果？

　　企业在培训中若将关注的焦点转向满足用户需求，销售团队的绩效就会因此提升。在培训中，销售团队应该人手一份新产品的宣传组合材料，包括内部资讯、销售工具、行销辅助品等，具体培训内容如图6-13所示。

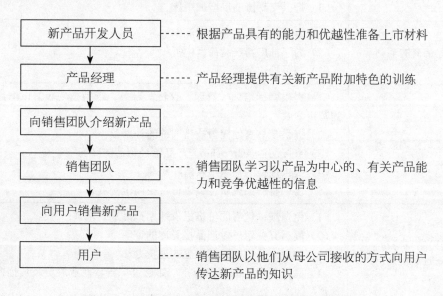

图6-13　以需求为中心的培训取代产品展示型的训练

图 6-13 所示的以需求为中心的培训方式，只是激励销售团队的第一步。销售团队希望知道有关产品上市的销售管理细节，如他们是否会因为售出新产品而得到额外的收益（如红利或更高的提成），这种较优厚的奖励期限有多长，对他们的销售配额有何影响，如何追踪销售绩效等。对此，企业也应有明确的规定，并以文件或培训的形式传达这些内容。

（二）激励渠道

经销商及零售商对新产品的兴趣虽和内部相关人员不同，但他们在把产品提供给用户的过程中扮演着关键的角色。产品经理不仅需要让经销商相信，投资本企业的新产品是正确的决定，还应该激励他们创造最佳的环境，让产品成功上市。因此，产品经理必须了解以下情况：他们的销售人员需要怎样的训练？要有多少存货才够？新产品是否有最低上架空间的需求，或是需要特定的架上布置与陈列方式才能奏效？经销商在推广产品时是否需要协助？

当产品经理让经销商相信新产品可以增加他们的收入或帮助他们提高营运效率时，他们就会愿意推广你的新产品。产品经理要让他们相信你的确有一款优秀的产品，而且你会一直在背后支持这款产品。以下列出了一些可以用来激励渠道伙伴的工具，具体内容如表 6-2 所示。

表6-2　可以用来激励渠道伙伴的工具

工具	说明
加大对经销商的支持	（1）针对产品的最终使用者制作广告，提高品牌拉力 （2）暂时仅在市面提供新品或少数筛选后的产品 （3）提供交易协助以增加销售
增加经销商的毛利	（1）暂时提高基本经销利润率 （2）为了推广新产品而提供折扣 （3）预付折让金额
改善经销商的效率	（1）提供营运培训（管理、存货、财务、行销技巧等）以增进经销商的营运绩效 （2）提供参与其他销售技巧训练的补助款 （3）直接配送（dropship）产品给经销商的顾客 （4）提供优良的销售线索给经销商 （5）协助将产品重新包装以符合空间上的要求
降低经销商持有新产品的风险	（1）免费或以优惠的价格提供初期产品知识培训 （2）展示有关用户对产品接受度的证明 （3）短期内提供比平常优惠的退货办法 （4）完成新产品的预售动作，如通过广告、商业展览及其他方式进行营销

（三）让用户接受

获得用户的接受（主要通过试用的方式）是上市初期的首要目标。建立知名度是迈向用户接受的第一步，也是产品经理先前在营销沟通、销售训练及渠道激励上所有努力的具体成果。

下一步就是用户试用，用户试用的方式有很多种。对于小型、单位毛利低的产品，可以通过赠送样品来鼓励试用；对于较大的产品，可以将产品放在某个用户的营运单位进行测试。这些做法可以让用户接触样品，而不需要全面替换所有现有产品，因此能降低用户拒绝的风险。有些产品则不能以上述方式来试用，如资产性设备。针对这种情况，有的企业发明出虚拟试用。例如，用户试驾一辆新的消防车或推土机；印刷设备制造商通过试做用户的产品以展示新型印刷机的功能。

三、早期绩效追踪

（一）追踪销售业绩

虽然新产品最终的成功反映在销售业绩上，但是产品经理越早发现潜在的问题并采取改正行动，效果就越好，这意味着产品经理要在销售前就开始追踪。例如，如果每进行4次销售拜访会拿到一张订单，那产品经理就需要知道已经就新产品进行了多少次销售拜访。而为了鼓励销售人员多做销售拜访，产品经理可能需要在初期（暂时地）为特定行为（进行适当的销售拜访）所获得的结果（达成销售）提供诱因。

（二）货架上的产品状况

放置在零售商或经销商货架上的产品也可以作为追踪的标的。产品经理在追踪货架上的产品时要重点关注以下问题。

（1）有多少经销商（或零售商）正在囤进你的产品？

（2）其中又有多少经销商按比例给了新产品恰当的上架空间？

（3）展示位置是否容易被顾客看到？

（4）你的渠道伙伴在这些领域的绩效如何？

（三）新产品在顾客中的知名度

新产品在顾客中的知名度是另一个在销售发生前就应满足的条件。想要评估产品的知名度，需要进行顾客调查。有时候，把你的营销沟通计划和实际结果对比，可以找出潜在的改正方向。例如，你实际发了多少张宣传单？商业展览中的产品展示效果如何？广告是否按规划进行了投放？广告受众反应怎样？

第五节 上市后追踪与市场评估

一、上市后的早期追踪修正

产品上市后，产品经理要继续追踪新产品是否成功，以及在必要时启动紧急应变计划。最后，还要检视整体上市的流程，为制订下一个新产品发展计划做准备。若想用上市控制系统衡量产品是否成功，产品经理可以从追踪下列几种衡量指标开始做起：

（1）销售量；

（2）回报率；

（3）折扣；

（4）用户接受度；

（5）竞争者反应；

（6）服务电话；

（7）股东价值。

产品经理必须决定哪些指标最有助于找出问题所在。例如，可以设计一个追踪系统，并决定追踪的频率。下列信息可以用来制订控制计划，如表6-3所示。

表6-3 控制计划例示

可能发生的问题	追踪	应变计划
销售人员未能依预设的速度和一般市场接触	追踪每周的拜访报告。这个计划要求每位业务代表每周至少做10个一般性目的的拜访	如果实际活动情形低于这个水准超过3个星期，就需要举行一整天的区域销售会议，寻求补救措施
销售人员可能无法了解产品的新特性以及如何在一般市场中推销	销售经理每天要追踪一位业务代表，在两个月内要对整个销售团队完成检验视察	在与业务代表个别会谈时当面澄清问题，但是如果从前10个业务代表的访谈中发现了普遍存在的问题，那就必须召开特别的电话会议，把产品的完整诉求向整个销售团队再重述一次
潜在顾客并未购买产品	每周通过10次电话或微信追踪那些已经听过产品销售说明的潜在顾客。其中，必须要有25%的顾客认同产品的一项主要特性，而在这之中又有30%的顾客尝试下订单	要求业务代表进行微信电话、微信销售追踪，并且以提供50%的首次购买折扣作为补救方案

续表

可能发生的问题	追踪	应变计划
买家下了试用订单，但是没有再次下单	展开另一系列的电话访谈或微信追踪，对象是那些曾经试订的用户。估计其中有50%的顾客会在6个月内再下单	暂时没有可供使用的补救措施。因此，我们必须了解用户为什么没有再次下单。可以对关键用户进行实地拜访，以确定问题所在以及后续应该采取的行动
可能具有相同的新特性（而我们并没有专利保护）的产品打算上市	这种情形是无法追踪的。多向供应商或媒体打听，可以帮助我们更快掌握这些消息	补救计划是在60天内停止所有推广活动，开始在销售现场只销售新产品，给用户外加50%的首次购买折扣，并直接向其发送特别的微信或邮件。针对前面提过的几种追踪方式，更加严密地进行监控

有时可以通过修改营销策略让新产品重回正常的轨道。实际做法包括重新定位产品、换新包装、套装销售或拆开销售、改动价格、找出新市场或新顾客、改变渠道以及选择另外的合作企业；有时需要修正产品策略，修正的内容可能包括修改产品、暂时将产品下市、永久性地放弃这款产品，或者把这款产品的相关权利转售给别人。

二、上市后的市场反馈与评估

（一）市场反馈

反馈是市场链中最重要的一环，也是营销系统PDCA（Plan—计划，Do—执行，Check—检查，Act—处理）闭合循环中最重要的一环。没有反馈，我们就无法判断我们的决策力，也无法判断我们的执行力。有了反馈，产品经理就可以了解以下几点。

（1）决策是否可行？

（2）执行是否到位？

（3）是否走在了销售之前？

（4）产品概念怎么样？

（5）销售有没有压力？

（6）有没有出问题？

（7）推广是否与销售很好地结合？

（8）是否避开了竞争对手的冲击？

（9）促销是否独树一帜？

（10）促销物是否真正到达终端消费者的手中？流失率多高？

（11）发货、出货、回款三者的数字是否统一？

（12）价格体系是否混乱？

（13）最大的成绩是什么？

（14）最大的不足又是什么？

（15）竞争对手的销量怎么样？

（16）能否在第一时间不仅拿到自己的分产品、分区域、分型号的分价位的准确市场数据，还能拿到对手的？

以上这些问题都需要我们厘清和反馈。当然，反馈不仅仅是从市场中来的数据和反馈，还包括到市场中去的反馈。事中的反馈主要是为了解决问题，事后的反馈是为了维持和改善现状，而不仅是解决问题，可能很大程度上是一个系统的改善或机构的调整，等等。

（二）上市后的市场评估

有了反馈的信息和数据，我们就要进行评估，包括从决策到管理、到执行的每个环节及其循环的横向评估，从成本到效益的每个环节的评估及其结合的纵向的评估，到最后的系统的立体评估。这包括决策评估、管理评估、执行评估、成本评估、效益评估、系统评估等。只有这样，我们才能真正总结过去，面向未来；反思不足，发扬优点；检讨失误，走向成功。

（1）系统有没有发现问题、分析问题、解决问题的能力？

（2）有没有良好的PDCA循环能力？

（3）系统有没有准确的预测能力？

（4）系统有没有强大的执行能力？

（5）系统有没有快速的信息反馈能力？

（6）系统有没有纠错能力？

（7）系统有没有预警能力？

（8）系统有没有补救能力？

单个系统的最优化并不代表整个组织的系统最优化，只有当各个子系统达到最佳组合时，整个系统的力量才会达到最大。新产品的上市，表面上是营销系统的事，实际上是整个组织系统能力的检阅。总之，新产品推广是一项系统工程，需要营销价值链上的各个环节进行联动和互动。其实，产品经理只要做好了新产品上市前的各项准备工作，并及时、认真地做好产品、市场、经销商以及营销团队的系统评估，因地制宜地采取一些相关策略，实施资源聚焦，不盲目、不投机，新产品的成功推广并不是梦。

附录
IPD 常见术语用语的缩略语中英文对照

序号	英文缩写	英文全称	中文含义
1	Accessibility	Accessibility	获得性
2	ADCP	Available Decision Check Point	可获得性决策评审点
3	ASIC	Application Specific Integrated Circuit	专用集成电路
4	BB	Building Block	组件
5	BBFV	Building Block Functional Verification	构建模块功能验证
6	Benchmark Assessment	Benchmark Assessment	基准点评估
7	BG	Business Group	业务群
8	BLM	Business Leadership Model	业务领先模型
9	BMT	Business Management Team	业务管理团队
10	BOM	Bill of Material	物料清单
11	BP	Business Planning	业务计划
12	WBS	Work Breakdown Structure	工作分解结构
13	CAC	Customer Advisory Council	客户顾问委员会
14	CB	Capability Baseline	能力基线
15	CBB	Common Building Blocks	共用基础模块
16	CCB	Change Control Board	变更控制委员会
17	CCT	Chip Core Team	芯片核心团队
18	CDCP	Concept Decision Check Point	概念决策评审点
19	CDP	Charter Development Process	项目任务书开发流程
20	CDT	Charter Development Team	项目任务书开发团队
21	CEG	Commodity Expert Group	采购专家团

序号	英文缩写	英文全称	中文含义
22	CFT	Cross Function Team	跨职能团队
23	CMM	Capability Maturity Model	能力成熟度模型
24	CMMI	Capability Maturity Model Integration	集成能力成熟度模型
25	CP	Check Point	检查点
26	C-PMT	Corporate-Portfolio Management Team	公司组合管理团队
27	CR	Change Request	变更请求
28	CRM	Customer Relationship Management	客户关系管理
29	C-RMT	Corporate-Requirement Management Team	公司需求管理团队
30	C-TMG	Corporate-Technology Management Group	公司技术管理小组
31	C-TMT	Corporate-Technology Management Team	公司技术管理团队
32	DCP	Decision Check Point	决策评审点
33	DCT	Development Core Team	研发核心团队
34	DRR	Deployment Readiness Review	推行准备度评审点
35	DV	Design Verification	设计验证
36	E2E	End to End	端到端
37	EDCP	Early Sales Support DCP	早期销售支持决策评审点
38	EMT	Executive Management Team	经营管理团队
39	EOL	End of Life	生命周期结束
40	EOL-DCP	End of Life Decision Checkpoint	生命周期终止决策评审点
41	EOM	End of Marketing	停止销售
42	EOP	End of Production	停止生产
43	EOS	End of Service and Support	停止服务和支持
44	ESP	Early Support Plan	早期客户支持计划
45	ESS	Early Sales & Support	早期销售与支持
46	FAN	Financial Analysis	财务分析
47	FE	Functional Excellence	功能部门业务能力提升
48	FM	Function Management	职能管理
49	FM	Function Manager	职能经理
50	FMT	Function Management Team	职能管理团队
51	FVT	Functional Verification Testing	功能验证测试
52	GA	General Availability	一般可获得性

序号	英文缩写	英文全称	中文含义
53	GTD	General Technology Department	总体技术部
54	GTO	General Technology Office	总体技术办
55	HCD	Human-Centered Design	以人为中心的设计
56	HCMM	Hardware CMM	硬件CMM
57	IFS	Integrated Financial Service	集成财务服务
58	IMC	Integrated Marketing Communication	整合营销传播
59	IMSG	IPD Management System Guide	IPD管理体系指南
60	IO/SBP	Initial Offering/Solution Business Plan	初始产品包/解决方案业务计划
61	IPD	Integrated Product Development	集成产品开发（流程）
62	IPMT	Integrated Portfolio Management Team	集成组合管理团队
63	IRB	Investment Review Board	投资评审委员会
64	IRR	Internal Rate of Return	内部收益率
65	ISC	Integrated Supply Chain	集成供应链（流程）
66	ISOP	Integrated Strategy & Operation Process	集成战略与运营流
67	ITMT	Integrated Technology Management Team	集成技术管理团队
68	ITR	Issue to Resolution	从问题到解决
69	JIT	Just in Time	准时制
70	KPI	Key Performance Index	关键绩效指标
71	LMT	Lifecycle Management Team	生命周期管理团队
72	LPDT	Leader of PDT	产品开发团队经理
73	LPMT	Leader of PMT	组合管理团队经理
74	LTC	Lead to Cash	从销售线索到回款
75	MM	Market Management	市场管理
76	MO	Marketing Operations	营销运作
77	MOT	Moment of Truth	关键时刻
78	MP	Market Planning	市场规划
79	O/S	Offerings/Solutions	交付物/解决方案
80	ODM	Original Design Manufacturer	原始设计制造商
81	OEM	Original Equipment Manufacturer	原始设备生产商
82	OEM	Outsourced Equipment Manufacturing	设备制造外包

续表

序号	英文缩写	英文全称	中文含义
83	OR	Offering Requirements	产品包需求管理
84	O/SBP	Offering/Solution Business Plan	产品包/解决方案业务计划
85	PACE	Product and Cycle-time Excellent	产品及周期优化法
86	PBC	Personal Business Commitment	个人绩效承诺
87	PCR	Plan Change Request	计划变更请求
88	PDC	Portfolio Decision Criteria	组合决策标准
89	PDCP	Plan Decision Checkpoint	计划决策评审点
90	PDM	Product Data Management	产品数据管理
91	PDP	Product Development Process	产品开发流程
92	PDT	Product Development Team	产品开发团队
93	PF-BMT	Product Family-Business Management Team	产品族业务管理团队
94	PL-LMT	Product Line Life-cycle Management Team	产品线生命周期管理团队
95	PL-IPMT	Product Line Integrated Portfolio Management Team	产品线集成组合管理团队
96	PLM	Product Life-cycle Management	产品生命周期管理
97	PL-PMT	Product Line Portfolio Management Team	产品线组合管理团队
98	PL-RAT	Product Line-Requirement Analysis Team	产品线需求分析团队
99	PL-RMT	Product Line-Requirement Management Team	产品线需求管理团队
100	PL-TMG	Product Line-Technology Management Group	产品线技术管理小组
101	PL-TMT	Product Line-Technology Management Team	产品线技术管理团队
102	PM	Project Management	项目管理
103	PMBOK	Project Management Body of Knowledge	项目管理知识体系
104	PMI	Project Management Institute	项目管理协会
105	PMOP	Program Management Operation Process	变革项目管理运作流程
106	PMT	Portfolio Management Team	组合管理团队
107	POP	Project Operations Person	项目操作员
108	PQA	Product Quality Assurance	产品质量保证
109	PROPS	The Project For Project Steering	指导项目运作的项目
110	PRR	Pilot Readiness Review	试点准备度评审点
111	PRT	Product Research Team	产品预研团队
112	PSMT	Product System Management Team	产品体系管理团队

序号	英文缩写	英文全称	中文含义
113	PSST	Products and Solutions Staff Team	产品和解决方案体系
114	PTIM	Product & Technology Innovation Management	产品与技术创新管理
115	QA	Ouality Assurance	质量保证
116	QCD	Quality,Cost and Delivery	质量、成本和交付
117	QMS	Quality Management System	质量管理体系
118	RAT	Requirement Analysis Team	需求分析团队
119	RDPM	R&D Project Management	研发项目管理
120	RM	Requirement Management	需求管理
121	RMT	Requirement Management Team	需求管理团队
122	RP	Roadmap Planning	路标规划
123	RQA	Requirement Quality Assurance	需求质量保证
124	SCM	Supply Chain Management	供应链管理
125	SDCP	Selection Decision Check Point	决策选择评审点
126	SDT	Solution Development Team	解决方案开发团队
127	SDV	System Design Verification	系统设计验证
128	SE	System Engineer	系统工程师
129	SIT	System Integration Test	系统集成测试
130	SMT	Solution Management Team	解决方案管理团队
131	SP	Strategy Planning	战略规划
132	SPAN	Strategy Position Analysis	战略定位分析
133	SPDT	Solution Program Development Team	解决方案开发团队
134	SPDT	Super Product Development Team	超级产品开发团队
135	S-PMT	Solution-Portfolio Management Team	解决方案组合管理团队
136	SPT	Strategy & Planning Team	战略规划团队
137	Sub-TR	Sub Technology Review	子技术评审
138	TAE	Tools and Enablers	工具和使能器
139	TDCP	Temporary Decision Check Point	临时决策评审点
140	TDP	Technology Development Process	技术开发流程
141	TDT	Technology Development Team	技术开发团队
142	TMG	Technology Management Group	技术管理组
143	TMS	Technical Management System	技术管理系统

续表

序号	英文缩写	英文全称	中文含义
144	TMT	Technology Management Team	技术管理团队
145	TPD	Technology and Platform Development	技术和平台开发（流程）
146	TPM	Transformation Progress Metrics	变革进展指标
147	TPP	Technology Planning Process	技术规划流程
148	TR	Technical Review	技术评审
149	TRT	Technology Research Team	技术预研团队
150	TTM	Time to Market	上市时间
151	TTP	Time to Profit	盈利时间
152	UCD	User Centered Design	以用户为中心的设计
153	UE	User Experience	用户体验

参考文献

[1] 琳达·哥乔斯.产品经理的第二本书[M].吴振阳,等译.北京:机械工业出版社,2012.

[2] 琳达·哥乔斯.产品经理手册:第4版[M].祝亚雄,冯华丽,金骆彬,译.北京:机械工业出版社,2015.

[3] 苏杰.人人都是产品经理(纪念版)[M].北京:电子工业出版社,2014.

[4] 苏杰.人人都是产品经理2.0:写给泛产品经理[M].北京:电子工业出版社,2017.

[5] 乔克·布苏蒂尔(Jock Busuttil)[M].产品经理方法论.张新,译.北京:中信出版社,2016.

[6] 刘飞.从点子到产品:产品经理的价值观与方法论[M].北京:电子工业出版社,2017.

[7] 萧七公子.从零开始做产品经理[M].北京:中国华侨出版社,2016.

[8] 徐建极.产品经理的20堂必修课[M].北京:人民邮电出版社,2013.

[9] 王欣,夏济.产品经理实战手册[M].北京:中国经济出版社,2006.

[10] 第八公社.产品前线:48位一线互联网产品经理的智慧与实战[M].北京:机械工业出版社,2015.

[11] 唐杰.杰出产品经理[M].北京:机械工业出版社,2016.

[12] 张弛.做最好的产品经理[M].北京:中国商业出版社,2016.

[13] 王坚.结网@改变世界的互联网产品经理(修订版)[M].北京:人民邮电出版社,2013.

[14] 唐韧.产品经理必懂的技术那点事儿[M].北京:电子工业出版社,2017.

[15] 林江发,宛楠.产品经理那些事儿[M].北京:人民邮电出版社,2014.

[16] 汪小金.项目管理方法论(第3版)[M].北京:中国电力出版社,2020.

[17] 张青.项目管理其实很简单[M].北京:人民邮电出版社,2020.

[18] 康路晨,胡立朋.项目管理工具箱(第2版)[M].北京:中国铁道出版社,2016.

[19] 肖祥银.从零开始学项目管理[M].北京:中国华侨出版社,2018.

[20] 李治.不懂项目管理,你还拼职场?(升级版)[M].北京:北京联合出版公司,2020.

[21] 郭致星.极简项目管理[M].北京:机械工业出版社,2020.

[22] 任卓巨,黄艳平,韩菇.华为项目管理法[M].北京:电子工业出版社,2018.

[23] 戚安邦.项目管理学(第三版)[M].北京:科学出版社,2021.

[24] 丁荣贵,赵树宽.项目管理[M].上海:上海财经大学出版社,2017.

[25]　刘毛华 . 项目管理基础工具：五图二表 [M]. 北京：化学工业出版社，2021.

[26]　丁荣贵 . 项目管理精品文库：项目思维与管理关键（第 2 版）[M]. 北京：中国电力出版社，2013.

[27]　卢有杰 . 现代项目管理学（第 4 版）[M]. 北京：首都经济贸易大学出版社，2014.

[28]　列夫·维瑞恩，迈克·特林佩尔 . 项目思维：为什么优秀的项目经理会做出糟糕的项目决策 [M]. 钱峰，译 . 北京：中国电力出版社，2019.

[29]　科丽·科歌昂，叙泽特·布莱克莫尔，詹姆士·伍德 . 项目管理精华：给非职业项目经理人的项目管理书 [M]. 北京：中国青年出版社，2016.

[30]　戴夫·加勒特 . 项目管理难题即效解决方案 [M]. 吕勇，等译 . 北京：电子工业出版社，2016.

[31]　米泽创一 . 项目管理式生活 [M]. 袁小雅，译 . 北京：北京联合出版公司，2019.